AF311638

LOUIS ÉNAULT

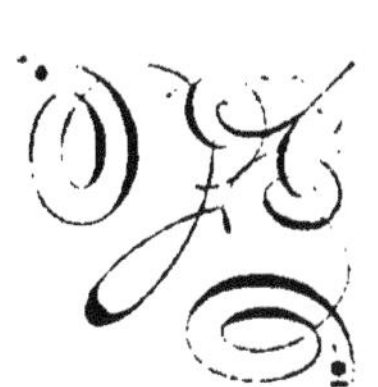

LE SALON

DE 1852

PARIS

D. GIRAUD ET J. DAGNEAU, LIBRAIRES-ÉDITEURS
Rue Vivienne, 7
MAISON DU COQ D'OR

1852

LE SALON

DE 1852

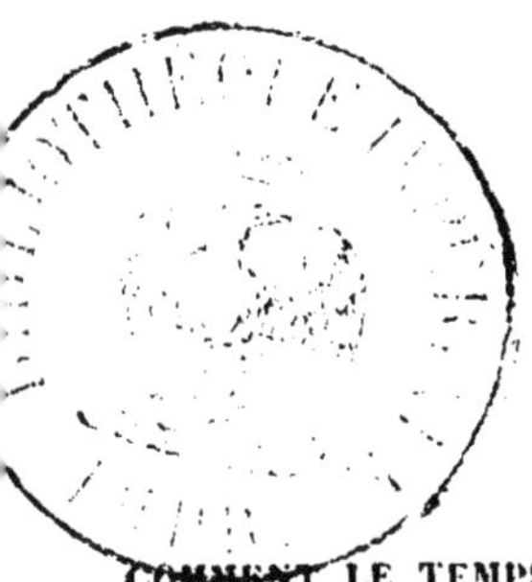

I.

COMMENT LE TEMPS FAIT PASSER L'AMOUR, ET COMMENT
L'AMOUR FAIT PASSER LE TEMPS (AVEC M. ABEL DE PU-
JOL).—LE MONITEUR ILLUSTRÉ, OU LA PRISE DE ROME,
PAR M. HORACE VERNET ET L'ARMÉE FRANÇAISE. —
BRULÉ OU NOYÉ, PAR M. ANTIGNA.—BATAILLE DE DA-
MES, PAR M. GLAIZE.—DE LA THÉOLOGIE EN PEINTURE
A PROPOS DE M. DEBON.—M. LÉCURIEUX ET L'ÉCOLE DE
DIJON.

Le danger est passé : on peut bien l'avouer.
Nos lecteurs l'ont échappé belle. On a re-
proché à notre critique du dernier salon
ses allures légères et son pied leste. Nous
avions formé le projet, toujours dangereux,
de nous convertir , et comme la crainte

d'un mal nous jette souvent dans un pire, nous nous préparions, pour l'an de grâce 1852, à la critique sérieuse. Nous allumions notre lanterne pour chercher la peinture humanitaire. Nous relisions la *Revue des Deux Mondes* pour nous prédisposer à l'enthousiasme. Nous n'attendions qu'un prétexte pour déborder..., ce prétexte nous manquera. Nous n'aurions pas demandé mieux que d'ajouter une cinquième corde à la lyre, au risque de nous faire chasser de la République, comme un Grec célèbre dont nous avons oublié le nom. Hélas! le temps du lyrisme est passé, et si nous voulons un dithyrambe à propos du Salon, nous serons obligé, comme Simonide, de chanter Castor et Pollux. Nous serons lapidé par les peintres et sauvé par les dieux.

Un des plus grands mérites de ce salon, c'est de ne pas être rempli : les tableaux ne

s'étouffent pas, et, s'ils ne sont pas riches ,
ils sont du moins à leur aise. En somme ,
c'est un salon comme il faut, qui ne fera
pas trop parler de lui. Il est de bonne compagnie, sans originalité ; il ne vous choque
pas , mais il ne vous éblouit point. C'est
assez honnête et trop modéré ; on avait dit
au jury : une mise décente est de rigueur ;
il n'a laissé passer que les habits noirs et les
cravates blanches —Mais il y a encore moyen
d'être si ennuyeux en grande tenue ! témoin
toutes les médiocrités en costume. La sévérité, d'ailleurs, n'a qu'un mérite négatif : elle
écarte le mauvais et ne produit pas le bon.

L'exposition de 1852 n'a révélé aucun talent nouveau. Ce sera une exposition ano-
nyme. Il n'y a pas d'œuvre capitale ; si nos
arrière-neveux s'avisent d'en parler, ils ne
pourront pas dire : c'était l'année du fameux
tableau de ce grand peintre *un tel.* — Il y a

dans l'histoire de l'art de ces dates glorieu-
ses, qui s'écrivent avec un nom, en guise de
chiffres...! La fortune d'un salon, ce sont
deux ou trois tableaux, devant lesquels la
foule se porte toujours et tout d'abord, se
répandant de là vers les autres, avec sa passion, son enthousiasme, ses rivalités et ses
préférences. — Nous avons vu tout cela dans
des temps plus heureux, et tout cela faisait
courir le sang un peu plus vite, et c'était
bon !

Cette année, il faut en faire son deuil, le
public n'aura pas de favori : il verra tout et
ne regardera rien. On en sera réduit à re-
gretter *la dernière charrette* de Muller,
qu'une femme d'esprit tuait l'autre jour avec
un compliment, — la plus charmante manière
de tuer : « La terreur de Muller ! c'est bien
joli ! disait-elle. » — Il restera de ce salon
quelques portraits distingués, quelques ta-

bleaux de genre élégants, quelques pages d'*humour* spirituelles, des paysages assez chaïnpêtres, et ... et c'est à peu près tout...

Les illustres sont plus absents que jamais. Nous n'avons ni Ingres, qui se marie, ni Delacroix, qui se repose, ni Diaz, encore dans la lune de miel de sa croix d'honneur, ni beaucoup d'autres enfin qu'on aimerait à revoir. Je ne parle pas d'Ary Scheffer, coupable d'avoir un frère, et qui nous punit depuis longtemps de ce péché-là.

On a beaucoup parlé de la sévérité du jury. Elle ne nous effrayait pas ; nous savions bien que, malgré ses rigueurs, il ferait encore assez large la part de la gaieté française.

Certain article du réglement ordonne l'entrée *en franchise*, et sans examen, des œuvres de Messieurs les membres de l'Institut et des artistes décorés. Contre ceux-là le jury ne peut rien, et ceux-là peuvent tout contre le public. Le jury se venge en faisant une petite marque au tableau (EX), qui veut dire : « S'il est là, ce n'est pas ma faute, je vous prie de le croire. » Mais le public, qui le vengera? Le public rit, il est désarmé. Nous avons aussi remarqué avec peine que les commandes du ministère de l'Intérieur sont en général assez faibles. Les artistes ont besoin d'être incessamment stimulés : s'ils ne sentent pas l'aiguillon, ils s'arrêtent; il n'est pas bon de leur donner trop de sécurité ; ils en abusent involontairement : ils se considèrent comme des fonctionnaires publics et dès-lors ils ont l'air de travailler le moins qu'ils peuvent.

Je n'ai pas besoin d'aller bien loin pour trouver mes preuves. Voilà M. Abel de Pujol,

par exemple, c'est le premier nom qui me
tombe sous la main, je ne le cherchais pas ,
il s'offre — il est à la tête de la liste.... par
ordre alphabétique — de plus, il a tous les ti-
tres et tous les honneurs. C'est un grand prix,
il a la médaille, il a la croix, plusieurs croix,
il est membre de l'Institut, et il reçoit des
commandes du ministère... Eh bien! il a fait
sans contredit un tableau impossible... à recevoir, — s'il ne nous arrivait en droite ligne
de l'Institut, avec le laisser passer en deux
lettres : **EX** !

M. de Pujol a voulu représenter : « *la Fin
du monde,* » sujet éminemment neuf, comme
chacun sait, mais assez difficile à rendre en
peinture ; c'est à peine si l'imagination la
plus poétique, après une méditation profonde
de l'*Apocalypse,* peut se figurer le désordre
qui s'emparera des éléments bouleversés, des
mondes confondus, des mers soulevées en

montagnes, de la terre ouverte en abîmes, et des cieux tombant les uns sur les autres, quand l'ange à la face pâle aura sonné la trompette du jugement :

Tuba mirum spargens sonum !

Eh bien ! voilà ce que le ministère de l'Intérieur a senti le besoin de faire peindre par M. Abel de Pujol.

C'est le moment d'être ingénieux, a dit en son par dedans M. Abel de Pujol, et après y avoir réfléchi, il est arrivé à ce raisonnement du dernier galant : « La fin du monde, c'est la fin de l'amour, sans l'amour le monde finirait... je tue l'Amour et mon tableau est fait !... » Jusqu'ici le raisonnement me paraît inattaquable... Malheureusement les raisonnements ne font pas toujours bien en peinture... Ainsi M. de Pujol a imaginé un grand Amour de la taille d'un lancier, il l'a étendu par terre, —il fait le mort,—à demi enseveli dans ses grandes ailes lilas, à côté de son carquois vide et de son arc en bois jaune. Cet Amour bellâtre a l'air d'un homme de trente ans, âge peu propre à figurer l'Amour, du moins d'après les saines traditions mythologiques, dans lesquelles M. Abel de Pujol a été élevé. Cet Amour est couché au pied d'un vieillard, également ailé, qui est le Temps : le Temps est assis sur un rocher, la tête dans sa main. Ce vieillard est assez vert... de ton ; il est maigre, comme il convient au Temps, et il montre un torse assez désagréable, mais il a une jambe qui rachète bien des choses ; elle est deux fois longue comme le corps : je ne m'étonne plus que le Temps marche si vite!.. Cependant un arbre renversé représente le monde détruit. Quant au fond du tableau, une lorgnette à six verres, avec laquelle j'aperçois des hommes dans la lune et des taches de son sous

e blanc de Madame B..., n'a pu me faire
découvrir si c'était le ciel ou une muraille.
Quoiqu'il en soit, en face de cette peinture
trop mythologique, on se surprend à désirer
que le Temps fasse passer l'Amour ou que
l'Amour fasse passer le Temps.

La vieille école s'en va!—M. Horace Vernet, le bonheur même, cesse d'être heureux :
sans avoir jamais eu ces puissantes qualités
de style, qui seules font l'artiste immortel ,
il avait, du moins, jusqu'ici, la richesse, la
verve, la passion, qui attirent, qui charment,
qui séduisent la foule. Aujourd'hui il la laisse
distraite, froide, indifférente. C'est que son
tableau manque d'ensemble, et l'unité seule,
cette empreinte caractéristique des œuvres
fortes, produit l'impression durable ; il y a
des détails, beaucoup de détails ; je ne vois
pas un tout. M. Horace Vornet a couvert une

toile immense : avec trois envois pareils, il
remplirait à lui seul tout un salon. C'est de la
peinture de panorama, qu'on allonge autant
qu'on veut, — la suite au prochain... panneau.
On a longtemps comparé M. Vernet et M.
Scribe. Cette fois c'est du Scribe des *Contes
de la reine de Navarre*. On connaît le sujet :
« La prise d'un bastion au siége de Rome. »
C'est une série d'épisodes, se succédant de
droite à gauche, sans aucun lien, il n'y a
pas de poëme : ils sont rapprochés, ils ne se
tiennent point. Il y a des combats partiels,
il n'y a point de ces mêlées vigoureuses, où
l'on sent le frémissement, la colère et les
âmes ennemies de deux peuples qui se cho-
quent. Le tableau manque de profondeur, et
après les actions diverses, assez vivement exprimées, du premier plan, il n'y a plus de vie
ni d'intérêt On regarde avec curiosité, parce
que l'on trouve là, souvent à un haut degré,
le faire habile d'une main sûre et d'un pin-

ceau savant, mais l'inspiration est absente
chez le peintre, et l'émotion ne naît pas chez
le spectateur. **M.** Vernet, véridique comme
un bulletin de la grande armée, a choisi l'heure
matinale indiquée pour l'assaut par le général en chef; il est résulté de cette fidélité un
peu servile (est-ce que la peinture est une
gazette?) un ton sombre et parfois opaque,
assez rare chez **M.** Vernet, qui peint le plus
souvent en pleine lumière; aussi les personnes qui n'ont pas l'habitude de se lever matin
déclarent que c'est là un ciel impossible, et
qu'elles n'en ont jamais vu de pareil... **M.**
Vernet prendra peu de souci de ces critiques;
il ne s'en inquiettera pas plus qu'un impro-
visateur d'une faute de syntaxe; il va, il court,
il arrive; il sent qu'il a des choses amu-
santes à vous conter, et comme il est sûr
d'être écouté, il s'embarrasse peu de la façon
de dire : ce sera toujours assez bon pour vous
et pour lui ; avec cela on fait des feuilletons

et pas des livres ; avec cela on va au musée de Versailles..., mais non pas au musée du Louvre !

Il faut donc en prendre son parti, il y a de grands cadres à l'exposition, il n'y a pas de grande peinture. Il n'y a pas une œuvre qui soit vraiment animée d'un souffle héroïque, rien en un mot qui vous donne le frisson des émotions profondes. Je ne voudrais pourtant pas être injuste. Le tableau de M. Antigna n'est vraiment pas sans mérite : c'est de la littérature de la Porte-Saint-Martin ; mais enfin, on ne meurt pas pour avoir vu un mélodrame. Le mélodrame de M. Antigna s'appelle « une Inondation, » l'année dernière il exposait un incendie. M. Antigna va à l'eau et au feu ! c'est le peintre des fleaux : s'il fesait école, il deviendrait le fléau des peintres. Le tableau de cette année , c'est l'*incendie éteint*. Nous regrettons qu'un artiste, qui a de la valeur et une véritable habileté, cherche le succès dans le choix du sujet plus encore que dans son exécution : il nous semble trop souvent oublier (l'a-t-il jamais su ?) que le but des arts libéraux c'est, avant tout, la réalisation du beau. C'est de la contemplation du beau que doit naître l'émotion artistique : toute autre source est impure.

La scène de **M.** Antigna se passe sur les toits. La Loire est débordée, l'eau monte, monte toujours... Elle atteint déjà le chaume rustique... Ces pauvres paysans surpris sortent par une lucarne, et se hissent, comme ils peuvent, sur le faîte croulant de leur maison. Femmes, vieillards, enfants se groupent en des attitudes désespérées. Il n'y a pas un homme... On a voulu la faiblesse et l'abandon partout. C'est d'un effet poignant. Les nuages noirs amoncelés sont pleins d'inexo-

rables menaces. Tous les yeux sont tournés
vers une barque qui ne vient point. Une
femme, la main appuyée sur un volet qui
tremble, le profil vague et à demi perdu, ré-
sume toute la pensée de l'œuvre : il y a sur
son visage une terreur profonde, et cette fois
sans vulgarité : c'est bien la terreur de l'âme.
Ce tableau est dans une gamme sombre assez
harmonieuse. On aimerait mieux un autre
ton ; mais c'est celui qui convient au sujet.
La Loire, mêlée de fange et de limon, est
d'un gris terne décourageant ; on plaindrait
moins ces malheureux s'ils devaient être en-
gloutis dans les flots bleus et limpides, pleins
de murmures et de promesses, qui, dans les
beaux jours d'été, semblent vous appeler à
eux et vous dire que la mort est douce et
qu'elle donne l'oubli... Mais se noyer dans
l'eau sale... c'est mourir deux fois.

Voici encore un grand tableau. « Les Femmes Gauloises, » de M. Glaize.

L'ennemi est là... Un cavalier romain s'élance, renversant tout sur son passage... Son cheval se cabre avec un mouvement assez fier, devant un char immense, sur lequel on a posé une cinquantaine de femmes en robes blanches ; elles se défendent peu, et on ne les défend pas du tout. Elles crient. Ce n'est pas assez, et c'est encore trop. Les cris ne sont pas beaux, même en peinture : les arts plastiques ne doivent pas reproduire les émotions arrivées au paroxysme de la douleur ; l'imagination du spectateur veut qu'il lui reste quelque chose à faire, et d'ailleurs les passions violentes altèrent le calme des lignes et la sérénité du visage humain. Les passions *vivantes* se sauvent par l'animation même de la vie, et par la grâce sympathique et fugitive de l'expression. Et

puis un de leurs charmes, c'est qu'elles passent et ne durent pas... Mais songer qu'une
femme ouvrira une bouche démesurée, rou-
lera des yeux furieux, et jettera ses enfants
à la tête des passants pendant toute l'éternité.. des peintures de M. Glaize — c'est trop,
c'est beaucoup trop. Ceci reconnu, il y a, je
le dis bien haut, des lignes savantes dans
cette composition ; les groupes ont des dis-
positions heureuses : c'est un ensemble et
non une confusion ; malheureusement les
tons gris dominent ; il y a trop de blanc sali,
je ne veux pas dire sale. Qui nous rendra
donc les coloristes ? Delacroix absent, il
semble qu'il n'y a plus de soleil au ciel de
la peinture. Mais quand on s'est une fois ac-
coutumé à ces teintes pauvres (le tout est de
s'y accoutumer), on en trouve les gradations
ménagées. Toute cette lumière est distribuée
d'une main avare, mais habile ; elle n'éblouit
pas, mais elle éclaire.

MM. Glaize et Antigna, avec leurs qualités mêlées de défauts, c'est encore ce que la grande peinture a de mieux dans le salon carré. A droite, à gauche, de toutes parts, nous sommes débordés par des choses vraiment fâcheuses, dont nous sommes condamné à parler pour nous punir de les avoir vues.

L'an dernier, on avait relégué M. Debon dans un couloir de dégagement, on ne le voyait que par hasard, j'allais dire par accident ; cette année il occupe un des angles du salon carré ; M. Abel de Pujol et lui se regardent de travers.

Le tableau par lequel M. Debon a su plaire au jury est éminemment vertueux, le livret l'explique en deux mots.

« La Science et la Philosophie montrent

« la Religion comme la seule vérité... » —
Voilà ce que j'appelle un sujet bien choisi :
comme c'est facile à rendre avec des couleurs !
L'année prochaine M. Debon exposera, sans
doute, pour faire pendant à celle-ci, une toile
démontrant... « que les vertus théologales
sont celles qui se proposent spécialement
Dieu pour objet ! » — Par malheur , dans
le tableau d'aujourd'hui , « la Science et la
Philosophie » ne montrent pas du tout la
Religion, elles lui tournent le dos, ce qui a
l'air d'une méchante épigramme, dont M.
Debon n'est pas capable.—Voici, du reste ,
sa composition : Au fond du tableau, carrément assise. vêtue d'une robe bleu-clair ,
coiffée d'une tiare comme un pape . portant chappe comme un chantre de cathé-
drale, grasse comme une Flamande, épanouie
et la bouche en cœur , la Religion ! Devant
elle, deux professeurs en Sorbonne et portant barbe. malgré le récent arrêté du mi-

nistre, qui a rasé tant de mentons, représentent la Science et la Philosophie, sans les
rendre, hélas! fort attrayantes.—Sur le premier plan, deux enfants joufflus déroulent
une légende, dans laquelle le peintre a eu
l'ingénieuse idée de leur tailler le *vêtement
indispensable*; on lit sur cette légende, transformée en paletot-affiche: « Aimez-vous les
uns les autres. »—Je ne demande pas mieux.
Tout autour du tableau, une guirlande d'anges gymnastiques se livrent aux divers exercices pratiqués chez le colonel Amoros: les
uns font le trapèze, les autres la planche ou
la pyramide vivante, il y en a un qui crampe
—comme Basquine dans *Martin*, ou *les Mémoires d'un enfant trouvé*.

Voilà où en est arrivé un homme sérieux,
qui a peut-être apporté en naissant une intelligence saine... La peinture mystique le
tuera.

Je ne parle pas de l'exécution, qui est à la
hauteur de la pensée. Tout cela est glacé de
tons transparents, roses, argentés, qui vous
papillottent devant les yeux : On ne peut pas
tout voir, voilà le plus grand mérite du tableau.

En face, et comme pendant (les deux font
la paire), nous trouvons un tableau de M. Lécurieux : c'est ainsi que l'on peint à Dijon,
si l'on en croit le livret qui attribue M. Lécurieux à l'*école* de Dijon : il l'a dit, le malheureux, l'école de Dijon! M. Lécurieux a
peint saint Bernard humiliant Guillaume,
duc d'Aquitaine. Guillaume est bien effrayé
et saint Bernard n'est pas bien effrayant.
Nous dirions même, si nous ne craignions
d'offenser la dignité d'un si puissant seigneur,
que ce pauvre Guillaume a un cachet de
crétinisme, digne des habitants goîtreux du

Valais ; avec une pareille physionomie on a beau faire , on n'arrive jamais à être un grand coupable. Quant à saint Bernard, c'est du carton peint. Saint Bernard pourtant a été un des hommes les plus puissants de ce *moyen âge* fécond en hautes et souveraines individualités. C'était un œil plein d'éclairs , une lèvre vibrante et qui lançait la foudre... Les peuples se levaient à sa parole, et les rois même l'entendaient avec respect. — J'aurais voulu voir sur son visage la force et la majesté... M. Lécurieux n'a pas pensé à tout cela... il n'en aura pas moins un succès prodigieux dans toute l'école... de Dijon. On se fait toujours écouter à Dijon quand on prononce le nom de saint Bernard. Nulle part on n'a le culte plus enthousiaste de ses grands hommes, nous en félicitons les Dijonnais : les vivants s'honorent en honorant leurs morts illustres. Il y a quelques mois on élevait dans cette ville, une statue à saint Ber-

nard; la statue est belle, noblement posée
sur un piédestal majestueux, et, par un geste
imposant, elle étend sur toute la cité une
main qui protége et qui bénit. Un lettré de
l'endroit a prétendu que le saint faisait signe
de lui élever encore des statues sur les autres
places de la ville. On fait, à l'heure qu'il est,
circuler des listes de souscription qui se cou-
vrent de signatures.

L'*école* de Dijon va faire des réductions du
tableau de M. Lécurieux.

II.

—Eh bonjour, docteur! comment va ? Un beau tableau, savez-vous, *le tableau à Gallait* ?

Je me retournai pour répondre à cette interpellation familière, accompagnée d'un petit coup amical, frappé doucement sur mon épaule, et je tombai dans les bras de mon ami Jean Van der Berghe.

M. Jean Van der Berghe est fils d'un échevin de la ville et cité de Louvain, et passionné pour les arts ; mais il a une spécialité, il n'aime que les peintres belges. Nous avions déjà eu maille à partir, il y a deux ans, dans le cabinet de M. Van der Schrieck : la discussion s'échauffa ; mais les Belges n'ont pas plus de fiel que les pigeons...

—Beau tableau, savez-vous, le tableau à Gallait ?

Et mon homme se campa carrément devant les *comtes de Horn et d'Egmont*, pour m'en faire les honneurs : en face d'un tableau belge, il se croyait chez lui.

—Nous sommes venus plus de cent, *savez-vous* ? pour voir ce tableau, qui aura la croix

d'honneur. C'est un peintre ça, Gallait !...
Vous ne connaissez peut-être pas l'histoire
belge : voici le sujet.

Et maître Van der Berghe me raconta la
grande conspiration... que je ne raconterai
pas à mes lecteurs,—mes lecteurs ne sont
pas Belges.—Je comprends, du reste, l'émotion de nos voisins : pour eux, c'est un tableau national ; c'est une page glorieuse et
sanglante de leurs annales. Sa place est bien
dans cette grande et belle ville de Tournay,
si pleine déjà de souvenirs !...

Examinons à loisir les derniers honneurs
rendus aux comtes d'Egmont et de Horn par
le *Grand-Serment* de Bruxelles.

Ce qu'il faut louer d'abord ici, c'est l'unité
d'impression : tout est douleur ; une douleur
sombre et énergique, une douleur qui se tait

et qui annonce des vengeances. Les deux comtes, même dans la mort, sont fiers comme des
gentilshommes et beaux comme des martyrs.
On a rapproché du tronc ces têtes pâles et
sanglantes ; on devine encore sur leurs lèvres
les frémissements et les crispations du moment suprême ; la barbe a des horripilations...
Et puis, il y a une main qui sort des draperies et qui est si bien morte ! elle est lourde
et froide ; elle vous glace !... — En face des
morts, au pied du catafalque, se tiennent les
arbalétriers du *Grand-Serment*. Peut-être
ces braves gens manquent un peu de distinction, — ce sont des bourgeois de Bruxelles,
—ils se ressemblent tous ; c'est en vain que
vous chercheriez ici ces grandes figures, in-
dividualisées par un pinceau créateur, qui
deviendront des types, et que saluera plus
tard l'admiration de la postérité. On se demande pourquoi en peindre tant, s'ils ne sont
plus beaux ?

— Mais ce sont les membres du *Grand-Serment !* me répond M. Jean Van der Berghe en me tirant par la manche de mon habit ; eux seuls ont droit de porter l'arbalète, savez-vous ?

Pourquoi alors leur avoir donné des piques ? Et encore, ces piques, dressées en l'air, coupées à demi par le tableau, on les prend tout d'abord pour des cierges ; il est vrai que nous sommes à un enterrement... Ces braves gens sont aussi trop pressés dans ce coin : ils manquent d'air, ils étouffent ; j'en aurais pitié... s'ils n'avaient pas un faux air de gardes nationaux.

—Mais comme ils sont bien éclairés, pour des gens qu'on a placés dans un coin, reprend mon ami Van der Berghe ; comme il est riche de lumière, ce Gallait : il en met partout !

—C'est vrai, même où il n'en faut pas !

Partout, c'est trop, mon cher bourgmestre.
Demandez à vos grands Flamands, ils vous
diront cela bien mieux que moi ; ils vous le
diront par des exemples : on a autant besoin
d'ombre que de soleil dans ce monde ; l'un
fait valoir l'autre. Le contraste est un des
secrets de la puissance. Faites venir la lumière d'où vous voudrez, mais qu'elle ne
s'égare pas à droite ou à gauche, pour m'é-
blouir avec le scintillement d'une pointe d'épée
ou d'une boucle de ceinturon ; en un mot,
que la lumière suive dans vos tableaux la
même direction que le rayon lui-même suit
dans la nature. Ce n'est pas l'avis de M. Gallait : il a une lumière à lui ; il la prend, il la
sème, il l'éparpille, il paillette ses tableaux
de clartés ; et quand vous demandez pourquoi,
on vous répond que cette lumière est la sienne,
et qu'il est bien le maître d'en disposer comme
il lui plaît.

—Vous êtes bien sévère, savez-vous ?

—Eh ! mon maître ! avec qui le serait-on, sinon avec ceux qui en valent la peine ? Croyez-vous que j'en dirais autant à MM. *** ?

—Et ces deux Espagnols, qu'en trouvez-vous ?

—Eh bien ! il faut être franc, le cuirassier est un peu flasque : c'est un homme de foin sous une cuirasse de carton. Il regarde tout cela d'un air assez distrait : le duc d'Albe et le comte d'Egmont lui sont indifférents ; il n'a pas de parti...

—Monsieur, l'armée ne doit pas délibérer !...

—Soit, je passe condamnation.

—Et l'autre, celui qui est habillé de rouge et qui se montre derrière l'homme à la cuirasse? Il crève le tableau ; il vit, il va parler, il parlerait déjà, — si ce n'était pas un Espagnol.

—Oui, c'est une tête énergique, j'en conviens.

— Cet homme-là, savez-vous? c'est un homme qui osera tout et qui fera tout,—un ambitieux! Voyez comme il caresse son poignard ; il mord ses lèvres minces ; il n'a pas de sang dans le corps, il n'a que de la bile ; au lieu de pâlir, il verdit... Et voyez comme il est en colère, comme il regarde les arbalétriers de travers...

—Oui, je crois, en effet, qu'il est fort en colère ; mais ce n'est pourtant pas une raison pour avoir la bouche d'un côté et le nez de l'autre. Remarquez, mon cher Van der Berghe, que le nez est le plus philosophe de tous les traits du visage humain ; rien ne l'ébranle sur sa base carrée... Les narines se relèvent dans la colère, se gonflent dans le désir, frémissent d'émotion ; mais le nez, digne modèle de gravité, le nez reste, en général, au milieu du visage,—ce qui n'est pas tout à fait le cas dans notre Espagnol.

—Monsieur, vous êtes injuste, savez-vous? Vous attaquez Gallait, parce que Gallait est belge.

—Et ! morbleu, monsieur, je l'attaquerais bien davantage s'il était français !...

—Je ne vous conseille pas, monsieur, de revenir à Louvain.

—J'allais finir par un mot d'éloge... j'aurais dit que votre Espagnol a une main charmante, longue, souple, fine et forte, habile à nouer les fils d'une intrigue ; une main qui tue et qui caresse, et qu'une pareille main

sauverait le tableau, s'il avait besoin d'être
sauvé. Mais vous avez voulu influencer mon
libre arbitre ; on pourrait croire que je me
laisse intimider : je ne dirai plus rien.

Mon Belge partit furieux, et, pour se ven-
ger, alla regarder *l'Ange déchu,* de M. Yvon,
qui a un rhume de cerveau, le bout du nez
rose et des ailes de poulet plumé.

Maintenant que nous sommes seuls, encore
un mot. Par principe, je ne suis pas difficile sur le choix des sujets ; mais il y a cependant des convenances artistiques que l'on
ne blesse pas impunément. Quand j'ai dit de
ce tableau : « *Vingt ans trop tard,* » j'ai
dit vrai. Il y a vingt ans, le public ressentait
une sorte d'avidité pour les émotions fiévreuses ; il ne trouvait rien de trop fort : il
se précipitait aux tortures et aux agonies :

il aurait voulu la place de Grève sous ses fe-
nêtres, et l'exécution de M. de La Môle tous
les matins. Aujourd'hui, la foule s'amende
(je ne parle pas de la foule *du dimanche*) ;
elle ne recherche plus les peintures violentes ; quand elle les rencontre, elle passe vite,
d'autant plus vite que le tableau est mieux
fait. On arrive ainsi à un succès d'épouvan-
tail. — Nous ne cesserons de le redire, il y a
une certaine sérénité que les beaux-arts doivent conserver dans la douleur même : ils
doivent nous attirer vers une contemplation
qui nous retienne et nous attendrisse, sans
nous choquer. L'impression n'est que plus
profonde quand on la recherche au lieu de la
fuir.

Ceux des peintres qui furent des penseurs
ne s'y sont pas trompés. Si Van Dyck eût peint
Charles Ier sur l'échafaud, il fût arrivé sans
doute à produire une pitié et une terreur

poignantes... La tête roule sous le billot ; les
flots du sang royal inondent les larges pierres
de White-Hall, et l'homme masqué s'appuie
sur sa hache... — J'indique, on le voit, l'é-
bauche d'un tableau comme M. Gallait aimerait à le faire. — Mais Van Dyck a trouvé
un pathétique plus noble, et, j'ose le dire,
plus puissant, en nous montrant seulement
l'âme émue, sur ce noble et doux visage, à
l'heure des derniers adieux, et la clémence
et le pardon dans ces yeux qui vont se fer-
mer, et l'attendrissement contenu et la douleur décente qui se révèle seulement dans ces
belles mains tremblantes, qui caressent et bé-
nissent de blondes têtes d'enfants !

M. Gallait est peut-être original en son
pays : ici, il nous rappelle assez la manière
de M. Delaroche, mélangée de Robert Fleury,
altérée par du Claudius Jacquand — le tout
refroidi en Belgique. Je suis peut-être trop

sévère ; après tout, M. Gallait est un peintre
que j'ai, certes, en grande estime. Je rends
justice aux qualités que j'aperçois à travers
ces défauts : il aime le détail, il soigne l'exécution, mais il n'inventera rien et n'agran-
dira pas le domaine de l'art ; il transmettra,
du moins assez fidèlement, le dépôt des vieilles
traditions consacrées. A l'heure qu'il est,
tout cela n'est pas tellement à dédaigner, et
l'œuvre de M. Gallait est encore un des
meilleurs tableaux d'histoire de la présente
exposition. Si c'est peu dire, est-ce ma
faute ?...

Celui-ci est encore un Belge, – l'auteur du
« *Métier de chien,* » M. Stevens, de Bruxelles, — *Stevens Brux*, comme l'appellent
une foule de braves gens, qui prennent, au
bas du tableau, le nom de la ville pour le
nom du peintre.

On ne m'accusera pas , je l'espère , de
m'occuper un peu plus de nos voisins que de
nous. L'art n'a pas de frontières, et la critique ne connaît pas l'uniforme des doua-
niers.

M. Stevens, d'ailleurs, est intéressant à
plus d'un titre ; il y a du roman dans son
histoire.

Il naquit pour être avocat, il grandit dans
cette espérance ; il fut élevé dans l'amour de
la procédure et le culte du papier timbré ;
il apprit à lire dans la coutume du Brabant ;
on lui fit une vocation. Il plaida par ordre ;
— on dit même qu'il plaidait bien... en cour
d'assises ; qu'il avait par fois et l'émotion.
et le geste, et le regard, et le bien-dire.--
Quant au civil, c'est autre chose ; il se noyait
assez souvent dans le fossé mitoyen et ac-
crochait sa robe aux épines de la haie com-

mune. A trente ans, il voulut vivre pour son compte, laissa Papinien pour Raphaël, la Furie pour la Muse, et fit poser les modèles au lieu de faire poser les clients ; on assure que les clients s'en trouvèrent bien tout d'abord, et par la suite les modèles ne s'en plaignirent pas. Est-ce un exemple à proposer au jeune barreau qui n'a pas voulu couper sa moustache ?

Quoi qu'il en soit, M. Stevens, sous ce titre : *Un métier de chien*, a exposé le meilleur tableau du salon incontestablement. Cinq molosses de la grande espèce sont attelés à une vulgaire charrette et traînent, ou plutôt veulent traîner une énorme pierre ; le char est arrêté ; l'essieu crie et va se rompre; le terrain est rugueux et malaisé. La vue est bornée par un mur gris, qui repousse les chiens vers le devant du tableau — il n'y a pas de lointain, la scène se passe tout près

de vous. — Les pauvres bêtes harassées ex-
priment leur découragement dans des attitudes diverses, mais toujours éloquentes ; elles
se plaignent amèrement de la destinée, et
l'on n'ose pas les consoler, tant on sent que
leur douleur est juste. Les uns, qui n'en
peuvent mais, se couchent par terre et déclarent qu'ils n'iront pas plus loin ; les autres
entr'ouvrent les mâchoires par un rictus for-
midable et laissent pendre leur langue altérée : cela vous navre le cœur. Décidément
la Belgique est le pays du monde où le métier de chien est le plus difficile ; partout
ailleurs les chiens ont une position sociale
assez enviable ; en Belgique, on les condamne
aux plus pénibles services : on les traite
comme des hommes. Dans la vieille cité de
Bruges , on les attelle à des camions de
boucher : il est vrai que lorsqu'ils trouvent
la charge trop lourde, ils en mangent une
partie pour s'alléger, tant l'instinct est grand

chez ces animaux! A Gand, ville rajeunie, et que le souffle moderne civilise, la situation des chiens s'améliore. Ils sortent de cette affreuse condition de choses utiles pour devenir des objets de luxe. Nous nous rappelons avoir vu, sur la promenade de la *Coupure*, où se tient le *Longchamps* de l'endroit, un *four-in-hand* de danois mouchetés, qui traînait fièrement un jeune merveilleux, étendu sur les coussins d'un coupé rasant le sol ; l'allure était rapide et cadencée ; ils évitaient l'obstacle et tournaient la borne avec toute l'habileté d'un cheval de manége. Il n'y a qu'un inconvénient avec les *chiens - chevaux*, mais il est grand : ils sont sujets aux distractions ; si par malheur un lièvre vient à passer à portée de leur flair — adieu le chemin battu ! — le naturel revient au galop, c'est le cas de le dire : — voilà nos carrossiers qui prennent le mors aux dents et se mettent joyeusement sur la piste, empor-

tant maître et calèche à travers champs ;
l'équipage de promenade devient un équipage
de chasse.

Le tableau de M. Stevens est exécuté avec
force, parce qu'il est conçu avec simplicité ;
tout ramène à l'idée, rien n'en distrait, et
par ainsi il a ce suprême mérite de l'unité,
qu'on ne retrouve ni chez Horace Vernet ni
chez M. Gallait. Il est tout un ; on le saisit
du premier regard, on embrasse la scène
d'un seul coup d'œil ; on verra les détails
plus tard, on a déjà vu l'ensemble ; et je
vous le dis en vérité, c'est là une épreuve
décisive pour toutes les œuvres d'art. Ces
chiens ne sont pas, comme il arrive chez
M. Jadin, par exemple, des études plus ou
moins consciencieuses, faites à droite et à
gauche, et qu'on réunit dans un même cadre
sous le prétexte fallacieux de faire un tableau,
— comme on relierait en maroquin des piè-

ces détachées, pour faire un poëme. Au contraire, tous les chiens de M. Stevens sont faits pour aller ensemble ; ils sont créés les uns pour les autres ; l'attelage est appareillé, les nuances s'assortissent dans leur gamme vigoureuse et sombre. Je parlais de la simplicité des détails, elle est extrême. Il n'abuse de rien, ce peintre habile, pas même de la lumière ; il ne s'en est pas servi, comme c'était son droit, pour faire miroiter le poil lustré de ses héros ; au contraire, il l'a placée, en quelque sorte, hors du sujet, sur un pan de sa muraille : comme Rossini ou Beethoven mettent quelquefois la mélodie dans l'orchestre.

Il a été récompensé de cette sobriété, de ce tact, de cette mesure, en produisant une œuvre dont le succès va de jour en jour grandissant, que les connaisseurs ont signalée tout d'abord et que la foule admire main-

tenant, heureuse d'y retrouver ce rare as-
semblage : la puissance dans le calme et
l'harmonie dans la force.

Je sens qu'il serait juste de parler maintenant d'un envoi de Rome, la *Mort de Moïse*,
par M. Cabanel. Cette toile, qui vise à la
grande peinture, et qui est, après tout, l'œuvre d'un homme de mérite, laisse la foule
assez indifférente. La conception ne manque
pas d'un certain *grandiose* italien ; l'exécution est froide. M. Cabanel est un élève
de M. Picot, peintre estimable et peu fou-
gueux. M. Cabanel est déjà un penseur, il
deviendra sans doute un peintre. Moïse va
mourir ; Dieu le Père, soutenu par les anges,
descend des cieux pour recevoir l'âme de son
serviteur. A la vue de Dieu, Moïse se soulève
par un effort suprême et se raidit dans la
dernière convulsion de l'agonie, il ne meurt

pas tranquillement : il y a là quelque chose comme du trouble dans la solennité même. Des effluves de lumière s'échappent de cette face, qui a contemplé Jéhovah, et resplendissent autour du front.—Il est convenu qu'on représente Dieu le Père sous la forme d'un vieillard : M. Cabanel avait donc à peindre deux têtes de vieillards, Dieu et Moïse: il les a opposées avec des contrastes assez habiles. Celle de Moïse est pleine d'angoisse et d'abattement : — c'est l'humanité qui succombe et qui crie vers Dieu.— Celle du Père-Éternel est au contraire empreinte de cette sérénité immortelle, qui ne connaîtra jamais les défaillances de la chair ni les affres du trépas. Il y a quelque chose d'un peu théâtral dans la pose de Dieu, porté par les Anges. Les pieds placés en avant, dans une direction trop horizontale, vont frapper la poitrine de Moïse. Les anges forment de beaux groupes : il y en a un, vêtu d'une robe rouge un

peu *passée*, qui relève des draperies avec un
mouvement superbe ; cela fait penser à une
copie de Raphaël. Ce genre de peinture doit-
il durer longtemps?.. La foule n'y comprend
rien, les amateurs ne les achètent pas...
commande nécessaire du ministère de l'Intérieur ! Il est donc bien riche ! Je ne dis pas
cela pour M. Cabanel qui emploie bien son
temps à la villa Médicis, mais pour les imita-
teurs :

« *Servum pecus.* »

Il y a des choses qu'il n'est pas sain d'imi-
ter.

M. Courbet a baissé, disait-on devant
nous ; il est moins mauvais que l'an passé.
C'était la vérité empruntant les grâces du
paradoxe. C'est qu'en effet, le plus clair mérite de M. Courbet, c'est un certain *mauvais*

qui lui profite plus que le *bon* ne profite aux autres. Être moins mauvais, pour lui, c'est être moins bon : et voilà comment on enferme un homme dans l'impénitence, en lui défendant de s'amender ! S'il se corrige, il est perdu : ôtez-lui ses défauts, il ne lui reste rien. En attendant, comme il suffit, pour sauver un artiste de l'oubli, de quelques travers énergiques et accentués (M. Courbet n'en manque pas, outre d'autres solides qualités qu'il faut bien lui reconnaître), le voilà qui sort des rangs, et c'est assez, et c'est tout, dans ce monde avide de publicité : on le critique, on s'en occupe ; on le conteste, donc il est prouvé qu'il existe ; on l'attaque, donc on sent qu'il est fort. Croyez maintenant que je vais le plaindre !

M. Courbet, qui, assure-t-on, est un homme parfaitement distingué, discourant fort agréablement sur son art, et disséquant,

comme un philosophe, une question d'esthé-
tique, se jette, le pinceau à la main, dans
toutes les excentricités du trivial et du grotesque. Peu d'hommes ont eu à ce point le
sentiment du laid. A côté de cela, une vraie
puissance, et le fait surpris et rendu avec
toute la violence, le sans-façon et le parti
pris de la vérité — non artistique,—car il y
a, comme on sait, plusieurs vérités. *Les
Demoiselles de village* sont raides, endi-
manchées, et fort peu aimables. Je ne demande pas qu'on me peigne des bergères en
paniers, ni qu'on orne leurs houlettes des
faveurs roses du chevalier de Florian (*Flo-
rianet*, comme disait spirituellement Marie-
Antoinette) ; je n'ai pas besoin qu'on m'ap-
prenne qu'une paysanne n'est pas une
duchesse ; mais il y a des grâces rustiques
et des fraîcheurs champêtres qu'on pouvait
tout naturellement donner à des demoiselles
de village : c'est souvent le plus clair de

leur dot, et elles conserveraient, même avec
cela, suffisamment de couleur locale. Rappe-
lez-vous plutôt *l'Accordée* de Greuze, et cette
tête charmante de la jeune fille à *la Cruche
cassée*... C'est un idéal assez bourgeois, mais
c'est jeune, c'est joli, c'est simple : on regarde
et l'on aime. M. Courbet ne veut pas... Qu'y
faire ? S'il voulait, pourrait-il ? Je ne sais !
La petite mendiante qui reçoit un morceau
de pain (car si ces demoiselles ne sont **pas**
belles, elles sont bonnes) est très-joliment
posée, dans une attitude vraie ; le mouvement
est naturel ; elle est pauvre, mais elle n'est
pas triviale : elle vit, elle tend la main, elle
a faim... C'est bien, c'est vrai. Je suis si
heureux quand je puis louer ! Mais toute la
complaisance de **M** Courbet, tout l'amour
de son pinceau s'est épuisé à reproduire **les**
traits du chien de *ces demoiselles*. La com-
paraison est bien humiliante pour les femmes : tant de soin pour les bêtes, et tant de

dédain pour les gens !... Ce chien-là est réussi, il vaut à lui seul, comme réalisme, les deux *Casseurs de pierre* de l'an passé, mais il est tout à fait dans la manière grotesque, si chère à M. Courbet. Je comprends qu'on traite assez mal l'espèce humaine, c'est tout ce qu'elle vaut ; mais les chiens, voyons : qu'est-ce que les chiens lui ont fait? terrible homme ! Mais qu'aime-t-il donc, s'il n'aime pas les chiens ?... Celui-là, — si bien peint d'ailleurs, — est un affreux petit bâtard, produit de plusieurs caprices très illégitimes ; c'est le déshonneur de sa mère : il a la queue en trompette et des oreilles indisciplinées, qui vont l'une à droite, l'autre à gauche et qui lui donnent un air affreusement mauvais sujet. Enfin, M. Courbet a étendu le ridicule jusqu'au chien. M. Courbet est le Proudhon de la peinture ; si je ne l'avais pas dit l'année dernière, je le dirais cette année, car c'est toujours vrai. — Le paysage est d'une exécution assez forte , quoique entaché de ce *matérialisme* qui n'abandonne jamais **M**. Courbet : le groupe est bien enfermé dans une enceinte de vrais rochers, qui dressent à l'horizon lointain leur barrière de granit, couronné d'un gramen sec et rare ; la valeur des tons est habilement observée ; il y a un sentier, une *traîne*, comme on dit dans cette langue berrichonne, qui va devenir un de ces matins la langue française — cette *traîne* serpente et monte entre les rochers ; on voudrait la suivre et monter avec elle pour voir ce qu'il y a de l'autre côté... On est arrêté par la crainte de rencontrer d'autres *demoiselles de village ;* c'est assez de trois : on peut faire une croix. Je ne parle pas des vaches, grosses comme le chien : elles sont de carton, à l'usage des enfants.

J'avais formé le projet de consacrer un chapitre aux *excentriques*. On m'a fait observer que ce chapitre-là serait le plus long du livre, et que je ne dirais pas tout. Force m'est donc de les loger un peu comme je puis, de ci, de là, à droite et à gauche. Les voisins ne s'en plaindront pas.

Il y a plusieurs espèces d'excentriques; je les divise en deux grandes catégories : les excentriques du genre gracieux, qui s'enferment dans le cadre étroit de la miniature, et les excentriques du genre terrible, qui s'accordent plusieurs mètres de superficie. Le genre terrible est, en général, le plus divertissant. J'ai seulement un regret, — et il est profond, — c'est qu'il s'attaque trop souvent aux sujets religieux ; cela devrait être défendu.

Tel a été le tort de M. Crauk, élève de

l'honorable **M. Picot**. Sous prétexte d'une *extase* de saint Lambert, **M. Crauk** nous a peint un affreux homme horripilé, le poing fermé (ce qui est défendu *de par* tous les maîtres ès-arts plastiques), le bras tendu et les muscles saillants ; ajoutez qu'il neige, et que le saint est nu jusqu'à la ceinture. Aussi la pose n'a rien d'*extatique*, je vous assure, et le saint paraît fort en colère, ce que l'on comprend, du reste, eu égard au temps qu'il fait. Eh bien ! à quoi bon ? et pourquoi faire un pareil tableau ? et, quand on l'a fait, pourquoi l'appeler une *Extase ?* L'*extase*, c'est un bonheur qui se souvient du ciel, c'est un état de calme profond, c'est le repos de l'âme apaisée, confiante et sereine dans le sein de la divinité. Ce n'est pas — ainsi que M. Crauk le pense — une situation tendue, violente et gênée. Nous ne sommes pas assez saint pour avoir ressenti nous-même les ineffables douceurs de l'extase ; mais une âme plus tendre que la nôtre, — à qui il a été beaucoup donné, parce qu'elle a beaucoup aimé,—nous a fait à ce sujet, et devant le tableau même de M. Crauk, les révélations les plus touchantes. Souvent, nous disait-elle, nous avons, après la prière, éprouvé comme un avant-goût des félicités d'en haut, mais sans la moindre surexcitation nerveuse : c'était une joie ineffable, et que nous jugions, à son calme même, ne pas être une joie de la terre. — Et puis, ajoutait-elle encore, avec une humilité profonde, nous n'avons jamais éprouvé d'extase par un froid aussi rigoureux (1) ; c'était toujours aux heures tièdes

(1) Quand on déroule la légende dorée, on est frappé des fréquentes extases des saints de l'Orient et du Midi ;—ceux de l'Ouest ont été beaucoup moins favorisés. — Quant au Nord, on n'en parle que pour mémoire : la fleur de la sainteté s'est rarement épanouie sous la neige.

et paisibles des beaux soirs d'été, ou bien au milieu des nuits étoilées. Les rayons, glissant entre les nuages argentés, descendaient jusqu'à nous ; ils touchaient notre âme de leurs extrémités tremblantes, et, dans leurs radieuses effluves, nous remontions jusqu'à Dieu même. Mais à coup sûr, ajoutait-elle, nous ne ressemblions pas du tout au *saint Lambert* de M. Crauk.—Nous lui en fîmes notre bien sincère compliment.

Voici maintenant un excentrique du *genre léger*. C'est un monsieur de beaucoup d'imagination, qui a intitulé son tableau: *Ce qu'on voit sur la mer en rêvant*. Le titre promet : on voit d'abord une grande nappe d'indigo immobile, et dans une conque de nautile, qui surnage, une femme peu habillée, dont la tête touche au ciel. Cette femme est d'autant moins excusable d'être aussi court vêtue que chez elle ce n'est pas *le besoin*, — elle

tient sa chemise à la main ; tout autour, des
enfants joufflus cabriolent assez lourdement :
il n'y a pas de Tritons ; on regrette également
les Néréides. Et voilà ce que ce monsieur
voit sur la mer en rêvant. — Je me demande
maintenant s'il rêve souvent. — Ses songes
du moins sont plus agréables que ceux d'un
Anglais que je rencontrai l'été dernier sur
les côtes d'Écosse. Il faisait de fréquentes
traversées, et n'avait, hélas ! ni le pied ni le
cœur marin. Un chimiste de ses amis lui
composait, pour les occasions difficiles, des
pastilles d'opium et de hatchisch dont il se
trouvait bien. Aux premières incertitudes du
bateau, notre homme choisissait une place à
l'abri du vent, ouvrait avec précaution une
petite boîte d'agate, aux fermoirs d'or, ava-
lait sa pilule et tombait bientôt dans les béa-
titudes du sommeil... « Est-ce que vous
rêviez ? lui demandai-je, un jour que j'aper-
çus au réveil sa mine pâle et défaite. »

—Hélas! oui, me répondit-il.

—Et que rêviez-vous?

—Que j'avais le mal de mer.

J'ai peut-être bien le droit de dire ici que le tableau de M Decaisne, pour être un peu royaliste, n'en est pas plus mauvais M. Decaisne nous a donné un épisode de ce poëme douloureux, qui s'écrivit, avec du sang et des larmes, dans la tour du Temple. Son tableau représente Louis XVII, pâle, hâve, allangui et presque flétri, — mais, gardant encore l'empreinte ineffaçable de cette beauté qu'on retrouve toujours sur le front des Bourbons. — C'est la nuit... Le pauvre enfant tremble et grelotte sur son grabat : *il attend Simon !* La couverture

ignoble retombe de ces épaules, que devait
couvrir le manteau bleu de nos rois. On
aperçoit la poitrine amaigrie et resserrée, où
le cœur ne peut plus battre ; l'œil brille d'un
éclat sombre ; on sent la fièvre qui consume ;
on devine la mort qui vient. Et cependant,
au milieu de ces tristesses, l'idée de la
beauté est sans cesse réveillée : le col a des
délicatesses féminines ; le doux visage vous
rappelle les comparaisons virgiliennes et
Marcellus, cette fleur éclatante de la jeunesse
romaine, touchée par le fer, et qui s'incline
et qui meurt. Le pied nu, sortant du lit, révèle des grâces pratriciennes ; il s'attache à
la jambe avec une rare élégance : il a fallu
de longues races chaussées de satin, pour
arriver à cette fine ciselure des chevilles. —
Ces pieds-là qui foulent la paille sordide des
cachots, on devine qu'ils étaient faits pour
marcher sur la pourpre fleurdelisée d'or.

Voici encore, pour finir, un tout joli tableau, fait sans prétention, mais avec le bonheur des habiles :

Deux pigeons, par M. Gustave Deville.

Ils sont au bord d'un toit, se récitant une fable de La Fontaine, avec commentaires :

Deux pigeons s'aimaient d'amour tendre..

C'est un jour d'automne, avec un soleil tiède et doux ; une vigne folle festonne la lucarne et jette partout ses longues vrilles grimpantes ; çà et là, le raisin pend en grappes dorées ; le cadre est délicieux... Cependant le pigeon blanc aux yeux rouges (les yeux rouges sont une beauté pour les pigeons blancs), le pigeon blanc a la parole : il abuse de ses avantages, il pose, il fait le beau, il roucoule, il soupire, il montre ses pattes roses, entourées d'un duvet d'hermine ; il se relève, s'enfle et se rengorge ; il prend des airs vainqueurs ; on sent qu'il va faire une victime... L'autre, figure confiante et naïve, écoute, — c'est si dangereux d'écouter, — écoute les doux propos, veut se laisser convaincre, et va l'être, et l'est déjà : sa robe gris de perle est pleine de sentiment (c'est une nuance qui pousse à la tendresse), sa tête charmante a des reflets de rubis et d'émeraudes, et des colliers de saphirs changeants chatoient sur sa gorge amoureuse... On s'arrête devant ce petit tableau, et en le quittant, on murmure tout bas :

Deux pigeons s'aimaient d'amour tendre...

Décidément, le pastel et l'aquarelle ont été créés pour les femmes ; elles y réussissent que c'est une merveille : ainsi voilà une toute jeune fille, Mlle Céline Kierdorf, qui peint

les fleurs comme une élève de Jean Breughel,
celui que l'*école* appela *Breughel aux Fleurs*.
Je ne passe jamais dans la salle des aqua-
relles sans m'arrêter devant son gros bouquet : il est d'une fraîcheur charmante ; ce
sont des fleurs écloses le matin même. Ce
bouquet est composé avec un art très recher-
ché, mais qui plait,—de la coquetterie réussie : — ce sont des azalées des Indes, aux
pétales transparents et délicats ; et ces ca-
mélias, que nous avons pris à la Chine, pour
les faire plus beaux, et le rhododendron, cette
rose des Alpes, qui s'épanouit sous la neige.
Une petite cinéraire violette, relevant sa tête
en deuil, s'élance de la gerbe parfumée ; une
fleur française, celle-là, aux tristesses élégantes, pleine de grâce en ses mélancolies,
une veuve qui veut bien être consolée. J'aurais voulu voir dans ce bouquet quelque
humble et simple fleur du Bon-Dieu, poussée
aux champs ou dans les bois ; un brin de

folle avoine, ou une pervenche de la vallée, la pervenche humide, douce comme le regard de certains yeux bleus. Mais mademoiselle Kierdorf peint seulement les fleurs *grandes dames :* elle aime les azalées comme *Rachel Ruysch* aimait les tulipes, comme *Maria d'Osterwich* aimait les renoncules.

Un mot de critique, et qu'on prenne ma tête.

Les fleurs veulent de l'air, même les fleurs peintes. Un souffle donc, rien qu'un souffle, pour qu'elles ne meurent pas ! ce serait dommage. Et voilà comme je suis sévère, quand j'écris ma critique par un jour de soleil ; c'est si bon de gâter un peu cette belle et blonde jeunesse !

III.

Je les aime ces enfants perdus de l'art,
ces chercheurs inquiets, je les aime, même
quand ils ne trouvent pas. Trouver c'est
souvent du bonheur, chercher c'est toujours
du mérite. L'un vient de nous, l'autre est
donné par la fortune.

Ces préoccupations, ces anxiétés, ce souci,
dénotent un esprit original, que la routine

ennuie et qui veut frayer à l'art une voie
nouvelle, ces esprits-là sont rares et j'estime
qu'il faut les encourager : qu'ils ne cherchent
pas trop loin, c'est tout ce que je leur demande : la vérité est comme le bonheur. .
toujours si près ! Seulement on passe à
côté ! Or, je dis tout cela à propos de Gendron ; une nature qui m'est sympathique
entre toutes, une touche à la fois inhabile et
délicate, une fantaisie audacieuse et un pinceau hésitant ; un penseur plus qu'un peintre, un homme charmant et incomplet. Ses
tableaux sont surtout jolis en gravure ; ceci
n'est pas une épigramme Comme tous ceux
qui valent plus par l'idée que par l'expression, on peut le traduire sans le trahir.

M. Gendron nous a donné trois tableaux...
les Sylphes, Francesca et Paolo passant la
barque à Caron et Tibère à Caprée.

Le Tibère est un tableau d'histoire en miniature. Je ne relèverai pas quelques trahisons du pinceau ; c'est affaire entendue ; mais j'avoue que la composition me plaît fort.

Tibère est à demi couché sur un lit de repos. Il s'appuie, avec des dédains d'homme blasé, sur des poitrines de femmes entrelalacées, qui lui servent de coussins. Ces femmes ont des attitudes pleines de langueurs soumises et de grâces résignées.

La figure de Tibère est consciencieusement étudiée, par un homme qui a lu Tacite... dans une traduction : cette face vieille est encore altérée de plaisir... derrière ce masque immobile et ridé, on devine une âme fatiguée de débauches et non rassassiée de jouissances ; une âme ténébreuse et profonde, qui ne se révèle que quand elle haît et qu'elle tue. Sa main distraite et crispée, violente même dans les caresses, se pose sur la chevelure molle et bouclée d'une belle femme blonde, qui me plairait bien davantage, sans une certaine hanche ambitieuse, qu'un dessinateur voudrait réduire à des proportions plus modestes ; mais M. Gendron assure qu'il l'a prise dans *l'intérieur grec* de M. Gerome, au dernier salon .. que voulez-vous répondre à cela ? Aux pieds de Tibère, se tient un jeune enfant, aux formes élégantes et au *teint bruni*, comme dit la chanson ; il porte au cou la chaîne et le cadenas de fer, marque de l'esclavage. C'est sans doute le fils de quelque roi de l'Orient lointain. Son père a été vaincu ; il a figuré, à la suite du char impérial, dans quelque grand triomphe ; on l'a mis à mort le lendemain... l'enfant est plus malheureux, il est condamné à vivre. Derrière l'empereur, une femme ennuyée, écarte avec un geste gra-

cieux et familier, le rideau flottant des pampres, et regarde, pour se distraire, les sé-
nateurs et les consulaires qu'on jette du haut
des rochers de Caprée, dans le golfe aux
flots bleus. La servitude tue jusqu'à la pitié,
cette dernière vertu des femmes ! Une autre,—
que Tibère ne peut pas voir, — le contemple
d'un œil farouche. Cette bouche, éloquente
dans son silence, est pleine de colères fré-
missantes et de haînes enchaînées, qui attendent... je suis sûr qu'elle a dans l'âme
un deuil implacable. Je ne voudrais pas, pour
un empire, qu'une femme me regardât ainsi.

Tel est le tableau de M. Gendron ; j'ai mis
peut-être un peu plus de chaleur à l'analy-
ser que lui à le faire. M. Gendron ne sort
jamais de sa manière calme, sobre et froide.
Chez lui rien de brusque ni de heurté : ni
bruit ni fracas ; il ne vous violente point, il

il ne cherche point à saisir le passant, par
un éblouissement et un éclat, comme on prend
les alouettes au miroir. Il est très-facile de
passer à côté de lui sans le voir ; quand on
l'a vu, on le regarde longtemps.

Donc, j'aime le *Tibère*. J'aime peut-être
mieux encore *Paolo e Francesca* passant la
barque.

Francesca est immortelle comme un vers
du Dante : c'est sa plus touchante création.
Béatrix, félicité sereine, beauté radieuse et
triomphante, fait naître moins d'émotion
dans les poitrines humaines. Francesca,
parce qu'elle aime et qu'elle souffre, attire à
soi tous les cœurs qui battent. Celui-là n'est
pas poëte qui n'a pas rêvé d'elle ! Mais voici
le tableau de M. Gendron.

Dans une barque étrange, qui a des ailes au lieu de rames, et un bec en guise de proue, Francesca et Paolo passent le fleuve fatal : ils n'ont pas bu les ondes amères du Léthé, car ils s'aiment encore. Ils sont debout : Francesca s'appuie et s'abandonne sur le sein de Paolo, et cache sa tête dans cette poitrine bien-aimée... A leurs pieds, un damné, qui passe seul, et qui n'aime pas, lui! se tord avec désespoir. Rien ne le console de l'enfer, où personne ne le suit. Le visage de Paolo exprime une tristesse profonde, mais on sent que ce n'est pas pour lui qu'il souffre; dans la pose de Francesca, il y a plus d'amour encore que de douleur. Heureux couple après tout, qu'on n'ose pas plaindre, puisqu'il mourut du même coup, avant le réveil, dans l'heure la plus charmante, — la première heure — du rêve amoureux. Et maintenant! comment arranger tout cela avec l'orthodoxie catholique du Dante. Aime-t-on encore en enfer ?... L'enfer n'est-ce point plutôt de n'aimer plus? Ou faut-il croire que pour cette grande âme, immortellement triste, qui chercha la paix toujours, sans jamais la trouver (1), l'amour, ce père des larmes et du trouble profond, était une angoisse ajoutée à celles de son enfer... Alors Ary Scheffer, le traducteur inspiré de tous les grands poëtes, aurait le mieux rendu la pensée inquiète de Dante, en nous montrant Paolo et Francesca, emportés, à travers l'espace, dans un tourbillon sans repos.

(1) Que cherches-tu? *Chi cerchi?* lui disait un jour dans ce doux idiôme florentin, un de ses amis qui le voyait sans cesse errer autour d'un cimetière... *Chi cerchi? — La pace!* répondit-il, — je cherche la paix... Combien ont répondu comme lui? La paix! je cherche la paix! et qui ne l'ont pas trouvée... Je ne sais pourquoi, je n'ai jamais pu lire cette phrase sans émotion.

Je ne dis rien des *Sylphes dans la forêt,* ils sont un peu lourds, ils casseront les branches.

Voici encore un tableau devant lequel la foule s'arrête et cherche honnêtement à comprendre : La *Comédie humaine*, par M. Hamon.

Il ne faut pas trop se demander ce que cela veut dire. Je gagerais que le peintre lui-même n'en sait trop rien. La *Comédie humaine*, est-ce pour faire suite à la *Divine comédie ?* Non : les mots seuls se rapprochent. La comédie de M. Hamon se joue sur le théâtre de Guignole, ouvert à tous les vents. Il a pour spectateurs bien plus que ce parterre de rois composé par Napoléon pour Talma. Ici l'Empereur serait lui-même au parterre, avec tous les grands noms dont se vante l'orgueil humain.

Les spectateurs sont placés de façon à ne pas voir le spectacle, mais en général on s'occupe si peu de la scène, quand on est en bonne compagnie ! Les acteurs sont des dieux, qui jouent à notre bénéfice ; pourtant on aperçoit dans l'ombre la tête du traître Guignole, qui tire la ficelle. Minerve remplit, *pour cette fois seulement*, le rôle de Polichinelle, et armée d'un terrible bâton pointu, elle fait un mauvais parti au jeune Bacchus. Quant à l'Amour, son compte est déjà réglé, il a été pendu pour crime de haute trahison ; son petit cadavre rose et blanc est le jouet des vents, entre ciel et terre. Ainsi la sagesse empêche de boire et défend d'aimer.

Le mythe n'est pas profond, et quelques personnes s'efforcent de croire qu'il n'est pas vrai. Tout ceci du reste est assez ingénieu-

sement arrangé, c'est un motif à l'exhibition
de quelques jolis groupes. Sachons nous
contenter de cela : il y a tant d'artistes qui
nous donnent moins.

Les peintres qui, en peinture, sont bien les
plus mauvais juges du monde (il serait trop
long d'expliquer pourquoi, mais croyez-moi
sur parole), les peintres vous disent avec de
grands soupirs : mais il n'y a pas de perspective, il n'y a pas de profondeur, il n'y a
pas de lointain, il n'y a pas... Et mais ! je le
crie plus fort que vous, seulement je vois
que M. Hamon n'a rien cherché de tout cela.
Il a voulu faire un bas-relief, rehaussé de
quelques couleurs primitives, une grisaille
légèrement teintée, et, avec cela, nous offrir
des détails, des attitudes, des poses, des
mouvements, qui rappelassent les idées de
grâce, d'élégance et de beauté, que l'art doit
toujours éveiller dans l'âme humaine. Du

reste, il faut bien le reconnaître, il n'y a
qu'*heur et malheur*, dans ce tableau comme
dans la vie. A côté d'une figure tout à fait
réussie, il y en a une complétement manquée ;
auprès de la ligne noble et pure, il y a la
ligne égarée, qui passe à travers l'afféterie
et tombe dans la vulgarité. Qu'on ne me ré-
ponde pas que ce tableau est conçu dans une
pensée ironique, et qu'on a pu l'exécuter
avec la licence de la charge. C'est l'ironie
surtout qui a besoin de toutes les sévérités
du style ; les armes dangereuses ne se con-
fient point aux mains inhabiles. L'art de
railler, qui veut sur tout autre un suprême
mérite, est la pierre de touche des gens distingués. C'est là qu'on retrouve toutes les
délicatesses et toutes les recherches des
natures d'élite ; la raillerie, c'est le déshabillé
de l'esprit, et c'est pour ce moment-là que
l'on garde, quand on s'y connaît, ses coquet-
teries les plus charmantes.

Parmi d'autres personnages, dont nous ne saurions attester l'identité, nous avons reconnu, à droite du théâtre, Socrate, qui a trop de signes particuliers au porteur, pour qu'on puisse jamais le prendre pour un autre,—Socrate qui, en sa qualité de philosophe, buvait sec et dissertait avec profondeur sur les choses amoureuses, prend à la scène un très-vif intérêt. Sapho, en robe rose, ne donne pas raison à Minerve : jalousie de femme. Diogène profite de l'occasion qui réunit tant de personnages distingués pour voir si enfin sa lanterne ne lui montrera pas un homme. Jules César, drapé dans sa toge, porte un laurier en guise de perruque.—**Près** de lui Brutus, la tête basse, le poignard *sous le bras*, médite son crime qu'il appellera une vertu. Cependant, Ephestion, le casque en tête,—c'est son seul vêtement,—un faisceau de dards sur l'épaule, est tout près de son cher Alexandre, brillant de jeunesse, paré

d'une chlamyde de pourpre semée d'étoiles
d'or et chaussé de ces riches brodequins
qui rappellent les épithètes d'Homère : *les
Grecs aux belles bottes*. Alexandre met un
sou dans la sébile de la *mère Guignole*. La
mère Guignole—c'est le personnage le plus
réel de la pièce—reste à demi dans l'ombre
du théâtre, l'aiguille à bas juchée dans son
madras *à la créole*, la mine narquoise, le
ventre rebondi,—c'est une créature qui n'a
plus de sexe ni d'âge. A droite du théâtre,
Héraclite et Démocrite, le rire et les larmes ;
et Dante à côté de Virgile. Dante prend des
notes. Il écrit : « *J'ai vu l'espérance des bien-
heureux.* » Ainsi l'espérance du bienheu-
reux, c'est de voir rosser Bacchus et pendre
l'Amour. Virgile s'attriste du dénoûment, et
il fait un geste .. peu virgilien, mais qui
semble plutôt emprunté, par anticipation, à
la télégraphie du gamin de Paris.

Béatrix est charmante. Sa tête, couronnée de bruyères blanches, resplendit d'une inaltérable félicité. Elle est au-dessus des orages qui troublent le bonheur des mortels : elle ne sera plus séparée du bien-aimé. L'ovale gracieusement allongé de son visage rappelle les plus aimables vierges de Pérugin. Ses bras retombent avec des courbures molles, et à la petite bouquetière du boulevard italien, qui lui dit: « *Fleurissez-vous,* » elle répond, avec un doux sourire, en lui montrant les fleurs de l'idéal, qui ne s'épanouissent qu'aux cieux, où son amant est allé les cueillir pour elle. Le peintre a cependant eu une distraction, et une des mains de Béatrix est affreusement vulgaire. C'est une de ces erreurs que les peintres flamands appellent si bien « *des repentirs,* » parce qu'en effet l'artiste ne s'en console jamais. Il y a bien aussi quelque part Sophocle, Homère, Molière et Cervantes... Mais après Béatrix !..

N'oublions pas cependant, au pied de la ba-
raque de Guignole, une troupe joufflue de
bambins et bambines, s'en allant en guerre,
avec tambourins et mirlitons. Quelques-uns
ont de grosses mines roses les plus réjouis-
santes du monde, et parfois des tournures
superbes de crânerie enfantine. Il y en a un
entre autres qui embrasse sa mère... et
comme il l'embrasse... Il n'y a pas un peintre à l'heure qu'il est qui ne voulût bien
l'avoir fait.

Si le tableau de M. Hamon est gravé par
un artiste vraiment fort, à qui l'on permette
de le corriger un peu .. si peu!... ce sera
une œuvre destinée à l'avenir... et qui ar-
rivera à son adresse...

Nous n'avons pas moins remarqué un petit *camaïeu* du même peintre: les Heures,

qui servira de modèle au cadran de quelque horloge monumentale. Les Heures sont représentées par des groupes de femmes et d'enfants d'un adorable mouvement. M. Hamon saisit le mouvement avec une justesse et une sûreté de main vraiment habiles. Toutes ces figures, d'une tournure et d'un dessin charmant, emportent vigoureusement leur silhouette grisâtre sur un fond d'outre-mer. Ça et là pourtant quelque incorrection assez grave, comme si M. Hamon dessinait au hasard ; mais presque toujours servi par le hasard heureux.

Ici encore l'arrangement a ce choix et cette distinction qui caractérisent les compositions de M. Hamon. On devine sous chaque trait la préoccupation de l'idéal entrevu. Il peint la pensée.

Les Heures passées, tristes et le front voilé,

se retournent encore vers les joies évanouies.
On entend comme un bruit de grelots, on
respire l'odeur des roses effeuillées. Il y a
des parfums dans ces regrets, comme il arrive toujours quand les joies furent belles.
Cependant les HEURES futures s'avancent, la
face tournée vers nous, calmes et souriantes,
pleines de promesses, d'illusions et de men-
songes. Elles montrent les emblêmes du
travail béni, et cette ancre de l'espérance,
que nous jetons toujours dans une mer sans
fond. De beaux enfants nus, se tenant par la
main, s'entrelacent en guirlandes, comme des
fleurs, et passent légèrement d'un groupe à
l'autre avec les désinvoltures les plus on-
doyantes et les grâces les plus naïves, ratta-
chant ainsi le passé et l'avenir comme par
une chaîne dont on ne sentirait pas le poids.

IV.

M. Lehman est encore un de ces esprits
ingénieux à qui l'on permet de chercher
parce qu'ils trouvent quelquefois. Il nous
donne cette année un tableau, qu'il appelle
le RÊVE. Peindre le RÊVE, c'est matérialiser
l'idée, c'est réaliser l'idéal, c'est enfermer

dans la sphère des sens ces légers enfants
de la nuit et du sommeil, qui ont le vague
pour patrie et l'infini pour horizon. En un
mot, c'est tenter un tour de force... heureu-
sement qu'il est permis de ne pas réussir. Le
livret, cependant, donne sa petite explication. Il est toujours fâcheux que l'on sente
le besoin d'expliquer un tableau : les tableaux
doivent parler tout seuls. « Les HEURES du
crépuscule, dit le livret, portent sur la terre
le sommeil, suivi de rêves_d'amour heureux,
d'amour abandonné... » Pourquoi l'heure
du crépuscule ? ce n'est pas l'heure du rêve ;
ceux qui se couchent sitôt dorment et ne
rêvent pas. Et puis le sommeil est trop lourd ;
c'est un vrai sommeil de plomb ; les jeunes
HEURES ploient sous le fardeau. C'est là une
idée malheureuse. Le sommeil qui rêve, c'est
le sommeil léger, à demi-éveillé ; j'aurais
voulu le voir, avec des langueurs abandonnées
et des attitudes détendues, imprimant à peine

ses contours aériens sur la ouate molle des nuages. La ligne du col aussi a une tension disgracieuse, et le visage manque de charme. Le groupe des HEURES est mieux réussi, quoique un peu maniéré ; mais le naturel est si rare, qu'on ne le trouve plus. On pourrait critiquer quelques *emmanchements* invraisemblables, mais l'ostéologie aérienne a ses règles particulières. Le groupe de l'Amour heureux est plein de sentiment, mais il n'y en a qu'un *des deux* qui paraisse *heureux*, l'autre ne l'est déjà plus ! Et voilà qui est observé. L'amour abandonné tend de longs bras désespérés vers l'illusion qui s'envole. Cet amour-là n'est pas beau, il a mérité son sort, mais il a le bras si long qu'il finira par atteindre son rêve. Un petit génie rose précède le cortége et marche à reculons avec une désinvolture grotesque et une bouche en cœur qui n'est pas précisément du haut style. Ce tableau, sensiblement réduit et monté en broche, plairait à beaucoup de femmes, qui le porteraient volontiers, à leur corsage.... C'est la fin du TABLEAU DE GENRE et le commencement du CAMÉE.

Un critique blond expliquait à une robe rose les beautés de la peinture de Lehman. Avouez-le! reprit la robe rose, ce qui vous plaît surtout dans ce tableau, c'est ce que vous en dites.

Cependant, voilà qu'un jeune homme, encore inconnu, M. Edmond Leman (celui-là s'écrit sans *h*, c'est un nom français... comme le nom du lac suisse), M. Edmond Leman vous conduit, sans façon, Virgile au cabaret, entre deux églogues. mais pas entre deux vins. Virgile a des plaisirs plus délicats! Il vient voir danser la *cachucha* romaine par la *Cerito* à la mode, la belle Syrienne, » celle

à qui le diadème d'argent va si bien, dont
les mouvements sont si vifs, et la pose si
languissante, quand le crotale sonore accom-
pagne ses pas. » Ainsi danse-t-elle, toute
belle et toute charmante, sous les frais om-
brages du jardin, à l'abri du vélarium tendu.
Les esclaves apportent des coupes et des
amphores.

« *Sunt pocula et scyathi.* »

Corvinus et Pollion vont boire : Virgile
n'est venu que pour regarder ; il regarde.
Son âme est dans ses yeux, il suit le geste
des bras arrondis, dont chaque mouvement
est une grâce : il se suspend à la danse lé-
gère. — Ce tableau, où l'on notera peut-être
quelques inexpériences de pinceau, est composé avec intelligence ; c'est un début que
nous devons signaler : ces débuts-là sont
pleins d'espérances.

M. Lazerge a cru obéir à un sentiment filial en essayant de peindre le bonheur de nos premiers parents (alors qu'ils n'avaient pas encore d'enfants) dans le paradis terrestre, — le paradis du plaisir, — *paradisus volup-tatis*, comme dit l'Ecriture. Ces sujets-là ont un écueil : ils rappellent à l'imagination de longs cortéges de souvenirs. C'est la première et la plus poétique des traditions de la race humaine, c'est le berceau fleuri du monde, c'est la beauté radieuse et inaltérée telle qu'elle est sortie des mains de Dieu, c'est l'homme type et la femme idéale. Il serait moins dangereux de peindre un canard *s'es-battant* dans la mare d'une cour de ferme.

Adam et Eve sont assis sur un banc de verdure, à l'entrée d'un bosquet luxuriant. On sent le printemps éternel : ces arbres ne connaissent point d'hiver. Tout autour les fleurs naissent, capricieuses et abondantes.

C'est une lisière de bois irrégulière et vague:
le paradis terrestre était un jardin anglais.
Adam et Eve se trouvent sur le premier plan,
la main dans la main, l'un près de l'autre,
tout près, plus près! Ce sera bientôt le commencement du monde. Eve comprend déjà ;
il y a une révélation dans ses yeux bleus.
Adam est heureux sans comprendre, comme
il arrive souvent à l'homme ; voilà qui est
vrai et finement vu : il n'y a pas le moindre
serpent dans tout ce tableau, et c'est de quoi
je sais surtout bon gré à M. Lazerge, le serpent me gâte toujours cette charmante et
douce figure d'Eve ; Adam a été depuis assez malheureux, il est bien juste qu'on lui
laisse du moins quelques jours de bon temps.

Les personnages de M. Lazerge n'ont rien
de la majesté biblique. Adam fut créé roi !
un roi de droit divin: c'est-à-dire, la grâce
dans la grandeur et la bonté dans la force.

Il était le roi de la nature : Eve était la reine de ce roi.

M. Lazerge ne procède ni de *Moïse*, ni de *Milton*, ni de la *Bible*, ni du *Paradis perdu*. Ce n'est pas un chapitre de la Genèse, c'est une idylle souriante, à la ceinture dénouée. Eve avait bien le droit de dénouer sa ceinture.

M. Lazerge vient en ligne directe de Gesner : c'est un Allemand, qui peint en français ; ses personnages ont plus de lait que de sang dans les veines, ainsi qu'il convient à des Allemands. La femme n'en a pas moins des *blondeurs* attrayantes (le mot est d'une Anglaise, ce qui lui donne le droit de n'être pas français). Ah ! si M. Lazerge avait appelé cela *Daphnis et Chloé* .. pour me tranquilliser !

La figure d'Adam-*Daphnis* est bien peinte et peut être fort agréable à un moment donné. Quant à Eve, il faudrait tout simplement lui couper la tête,— cette tête qui est jeune et pleine de sentiment, a été placée sur un corps trop richement développé, quoique modelé avec une grande habileté et révélant une science de dessin incontestable. M. Lazerge a matérialisé l'idée de la fécondité ; il a cru qu'il fallait donner une vaste poitrine et de robustes flancs à la mère du genre humain, comme si le chêne n'était pas déjà dans le gland, avec son ombre et ses murmures, et le fleuve dans la goutte d'eau qui tombe du rocher. Aussi, au lieu d'avoir une créature à demi aérienne, effleurant à peine les gazons naissants de l'Eden, nous avons une paysanne déshabillée. Je ne me livre à cet accès de sévérité vis-à-vis de M. Lazerge que parce que j'estime son talent sérieux, et je suis heureux de dire qu'à part une trop grande égalité de ton entre l'homme et la femme, tout ce tableau est bien peint et par une brosse habile et ferme.

M. Alophe a peint, avec assez d'habileté,
une jolie femme blonde en chapeau de paille,
dans un paysage fleuri, auprès d'un cottage
qui se cache coquettement sous des pampres
verts. Un joli enfant se joue dans l'herbe
émaillée de pâquerettes d'argent et de bou-
tons d'or. Le peintre appelle cela :

REGRETS ET REPENTIRS.

Elle regrette le père et se repent de l'enfant.

Je n'ai pas pu trouver d'autre explication.
Est-ce la bonne ?

Non loin de là (nous sommes au premier
étage), M. Jung a suspendu sa toile immense,
fort ingénieusement intitulée : *les Travaux
des Français devant Rome*. Le mérite par-

ticulier de ce tableau,—quand on se reporte au titre, — c'est qu'on ne voit ni Rome, ni travaux, ni Français ; on ne voit que de la fumée. Les amis du peintre assurent que Rome est derrière, et les Français dessous. Cette peinture aurait besoin d'un fort coup de vent.

Un peu plus loin, dans la salle des Pastels, on remarque une *Spatule* rose, au large bec, qui s'apprête à *happer* une sangsue. Ce petit tableau est dédié au doyen des pharmaciens de la ville de C***. La sangsue et la spatule sont, en effet, deux des emblèmes de cette profession. le peintre n'a pas osé représenter *le troisième*. Il fallait oser, comme disait je ne sais plus quelle femme.

C'est le moment, puisqu'aujourd'hui le monde applaudit Galatée qui nous revient, c'est le moment de dire combien nous avons remarqué le beau portrait de madame Ugalde, par M. Henry Thomas. Ce portrait-là est tout simplement un des meilleurs *pastels* du Salon, d'un modelé habile et ferme, gras et abondant en sa pâte, vigoureux comme une peinture à l'huile. Ce tableau, qui fait le plus grand honneur à M. Henry Thomas, réalise toutes les espérances que nous avions exprimées l'an dernier. M. Henry Thomas se joue maintenant de ses crayons légers, après s'être habitué tout d'abord à manier la brosse des toiles historiques ; on se rappelle encore le beau tableau qu'il rapportait, il y a quelques années, d'Italie : *Michel-Ange sculptant la Nuit*, où la critique reconnaissait des qualités de force assez rares chez un jeune homme. M. Henry Thomas revient maintenant à la grâce, ramené par ses modèles.

—Voilà un homme avec lequel je ne serai jamais d'accord : il est trop modeste ; M. Marcel Verdier intitule son tableau, un fort bon tableau vraiment, et peint d'une main hardie *le Découragement de l'Artiste.* Ce n'est pas de lui, à coup sûr, que M. Verdier a voulu parler. Il est au contraire fort *encouragé,* comme il convient à un homme de mérite, mais comme les hommes de mérite ne le sont pas toujours : son tableau plaît, on le regarde, on fait plus et on fait mieux, on l'achète... Qui donc ici est découragé ? serait-ce l'artiste *peint* ? Mais là encore il n'y a vraiment pas de quoi C'est un homme à peu près jeune, trente-cinq ans tout au plus, qui oublie le tableau pour le modèle, mais parce qu'il le veut bien... Il peint une femme qui n'est pas cruelle... Est-ce cela qui décourage M. Verdier ?

Mais que voilà donc un homme difficile !

Je l'ai dit, ce tableau est fort en vue. Nous l'avions déjà remarqué au boulevard Montmartre, nous l'avons retrouvé avec plaisir au Salon. Les épaules de la femme sont peut-être un peu maigres. Nous savons qu'il y a de par le monde des épaules fort maigres ; mais celles-ci supportent une tête juvénile et pleine de santé : il faut leur donner des développements plus amples et des rondeurs mieux remplies.

Si je m'en croyais, malgré le titre de son tableau : *la Chasse au Héron*, je rangerais M. Maurice Sand parmi les *paysagistes* ; il paraît que j'aurais tort et que c'est un *tableau de genre*. Je ne demande pas mieux que d'avoir tort. Par exemple je vous préviens qu'il ne faut pas trop vous laisser prendre au titre.

La Chasse au Héron, c'est en effet l'épi-

sode le plus brillant de la vie de château.
Pour nous, qui arrivons des lointains pays
où le *vol* est en honneur, pour le moins autant
que le *courre*, et où l'on se plaît à l'entourer
de toute la magnificence des anciens temps,
nous nous attendions, sur la foi du *Livret*,
à retrouver ici un fouillis d'étoffes chatoyan-
tes, un pêle-mêle de voiles flottants et de
plumes au vent, des chevaux caparaçonnés,
et des lévriers aux longs museaux, et de
jeunes seigneurs en galant équipage, et les
oiseaux encapuchonnés et battant de l'aile
sur le poing ganté des varlets ; rien de tout
cela dans le tableau de **M.** Maurice Sand ;
c'est à peine si l'on découvre deux petits
points noirs dans le ciel obscur. Ces deux
points-là représentent le Faucon et le Héron ;
deux hommes à cheval suivent les évolutions
de la fuite et de la poursuite, et c'est toute
la chasse : mais enfin voilà un titre trouvé,
et ceux à qui il faut un sujet en ont un, ils

sont contents. Et maintenant, pour vous et pour moi, le vrai sujet du tableau, c'est un paysage, d'aspect assez sévère : « Un soir d'automne au bord d'un marais. » La nuit tombe et l'on n'ose pas trop s'attarder à regarder les détails : on les verrait si peu d'ailleurs ! Ce qu'il faut surtout saisir, c'est l'effet d'ensemble, c'est ce *parti pris* très-arrêté, d'ombres déjà descendues, et la vapeur bleuâtre estompant tous les contours. Cette *localité* assombrie a été très-vigoureusement traitée. Il y a là unité d'impression, et cette impression est vraiment puissante. —On ne sort pas des nuances sombres : c'est la gamme chromatique des tons gris. Ils sont fort habilement ménagés, depuis la nuée qui s'entr'ouvre jusqu'au feuillage des grands arbres, inclinés vers la terre. Ce tableau m'a fait penser à quelque paysage de la *Mare au diable*. Heureux jeune homme qui peut étudier la nature dans les livres de sa mère.

Nous avons regretté de ne voir là qu'un seul des tableaux de M. Maurice Sand. Nous aurions voulu trouver à côté de cette toile dans la manière noire, une fantaisie originale tirée de la comédie italienne, qui nous avait beaucoup plu dans l'atelier du peintre. Il y avait là Pantalon, Arlequin, Cassandre et Léandre et Colombine, *e tutti quanti !* Ce tableau franchement peint, en pleine lumière, d'une touche vive et spirituelle, eût présenté, à côté de l'autre, toutes les grâces piquantes d'un contraste.

V.

SCULPTURE.

PRADIER. — CLÉSINGER. — MAINDRON. — DANTAN — OTTIN. —CAÏN.

Cette année encore, la Sculpture continue d'occuper un rang distingué dans l'exposition des Beaux-Arts. La Sculpture grandit chaque jour dans l'estime du public. L'éducation de la foule a été plus lente de ce côté, mais elle se fait ; les belles œuvres sont vivement goûtées. On apprécie maintenant les délicatesses du ciseau et les caresses de l'ébauchoir, aussi bien que les finesses du pinceau et les auda-

4

ces réussies de la brosse. Il en devait être ainsi. La Sculpture parle aux masses : elle les saisit par ses aspects multiples, elle les frappe par son geste grandiose, elle les provoque par ses attitudes théâtrales ; et puis elle se rapproche davantage de la nature, elle a moins de convention que la peinture, et moins de parti pris. Elle doit donc, par la force même des choses, être plus facilement populaire : il en sera toujours ainsi dans un pays où le peuple lui-même est artiste, et où l'art peut et doit s'adresser à tous.

Chez nous, où, quoiqu'on dise, les idées de beauté n'ont pas jeté dans les âmes de la foule des notions encore bien distinctes, et où les arts,—je les plains,—sont obligés, par la constitution civile des fortunes et la grâce du Code, de s'adresser, depuis une cinquantaine d'années, aux classes moyennes, la peinture

a tout naturellement obtenu leurs préférences:
on rapportait tout à soi (ce qui a fait le succès du *genre*), et comme on ne pouvait guère
mettre une statue équestre à côté de sa pen-
dule, on aimait mieux autre chose.

On revient de ces erreurs,—on est déja re-
venu,—on entoure Barye, on fête Pradier, et
on partage les couronnes entre la *Bacchante*
et la *Tragédie*.—Voilà qui est bon signe; les
arts plastiques se tiennent par la main, il ne
faut pas les séparer; leurs procédés sont divers, leur but est le même : la manifestation du
beau.—Dieu, en qui réside le beau souverain,
ne nous a pas donné trop de moyens de réaliser l'idéal qu'il a mis dans nos âmes. Nous ne
sommes pas assez riches pour être économes.
Aimons donc, le mieux et le plus que nous
pourrons, tout ce qui nous arrache aux préoccupations matérielles de la vie, tout ce qui
nous emporte dans la sphère sereine et ra-

dieuse de l'enthousiasme. — Ceci est la pré-
face de la *Sapho* et de la *Tragédie*.

La *Tragédie* vous frappe peut-être plus
tout d'abord, on regarde peut-être plus longtemps la *Sapho*. — Mais depuis Thomas on ne
fait plus de parallèle, et d'ailleurs ces deux
statues sont choses que l'on admire chacune
à son tour — mais que l'on ne compare pas.

La *Tragédie*, qui n'est certes pas sans dé-
faut, est cependant une des meilleures œuvres
de M. Clésinger. Elle se recommande surtout
par l'habileté de l'exécution. Ce n'est peut-être
pas ainsi qu'on se figure la Melpomène antique : la muse grecque est plus riche de
forme, plus calme dans sa force, elle laisse
mieux deviner, sous le manteau tragique, une
poitrine gonflée de ce souffle ardent qui porte

au loin le vers héroïque ; — mais c'est ainsi
que l'on a vu Rachel , — le péplum et la tunique dorienne se rangent autour d'elle en
plis nombreux, — elle est grande, elle est fière,
elle est hautaine ; la bouche a des colères vi-
brantes, des dédains et des haines ; — enfin
toutes les passions aimables qui font le charme
de *cinq actes,* — le front bombé s'obstine en
ses volontés implacables :

« Ma résolution s'est changée en statue ! »

L'œil lance des éclairs à travers la pru-
nelle de marbre, le col, qui s'attache avec des
recherches exquises, supporte une tête char-
gée de crimes et d'ennuis, les mains, étu-
diées avec amour, et rendues avec un bonheur
qui touche à la perfection, sont à la fois élégantes et violentes dans leur délicatesse nerveuse, le pouce robuste et large est aux or-
dres d'une décision ferme; une de ces mains

ramène le vêtement sur le sein, l'autre serre le manche d'un poignard.—Elle tuera avec un beau geste : c'est une consolation pour ceux qui doivent mourir. Le bras gauche seul porte un bracelet, selon la mode de 1840 ; il est formé des anneaux d'un serpent qui se mord la queue, symbole de l'éternité de la tragédie. Cette composition, prise dans son ensemble, est antique avec le souffle moderne, c'est une strophe d'André Chénier, ciselée dans du marbre blanc ; le pied est moderne, tout à fait, comme si Hermione, hélas ! dans sa jeunesse, avant de chausser le cothurne, avait porté des socques articulés et des brodequins trop courts.

Voilà qui est dit, nous sommes très-moraux, nos arts eux-mêmes deviennent *collet-monté* : nos belles statues sont habillées, et l'honnête public s'en réjouit fort. Pour nous, qui avons le bonheur de nous scandaliser dif-

ficilement, nous ne pensions nullement à mal
devant cette blanche et chaste nudité du marbre, taillé en déesse, par Clésinger ou Pradier. Nous ne nous sentions pas plus blessé
dans les délicatesses de notre sens intime,
qu'un cardinal romain devant les *antiques*
de ses jardins. C'est là, en effet, une des ex-
cellences du vrai beau, d'exciter l'admiration sans réveiller le désir, et d'élever l'âme
sans la troubler; cependant le choix des sujets nous a ramené cette année l'étoffe abon-
dante et les draperies aux plis flottants. —
Sapho est aussi bien vêtue que la *Tragédie*.

Elle est belle cette *Sapho*, plongée dans sa
douleur,—une douleur si profonde qu'elle est
calme : n'y a-t-il pas, en effet, dans tous les
sentiments qui sont grands, une sorte d'apai-
sement recueilli, qui nous livre plus com-

plétement à eux ?—C'est l'impression que fait naître la *Sapho*.

On a pensé, avec une extrême convenance, que cette grande peine d'amour avait besoin de solitude et de silence, et qu'elle serait mal à l'aise au milieu des Bergères-Pompadours et des *dames* en robes de satin : aussi l'habile ordonnateur de cette fête de l'art (1), lui a réservé, au bout de la galerie des fleurs, chère aux promenades rêveuses, une mystérieuse retraite, loin de la foule et du bruit. Là, rien ne distrait de l'émotion, tout y ramène—jusqu'à ces tapisseries, aux sujets antiques, sur le fond desquelles le marbre se détache, dans sa blancheur éclatante : seulement les délicats font observer que le jour est ménagé plutôt pour un tableau que pour

(1) M. le marquis de Chennevières, inspecteur des Musées provinciaux.

une statue : *Sapho* est éclairée pourles peintres, et non pour les sculpteurs.

M. Pradier, cette année, a bien un peu dé-
routé ses admirateurs : on s'était facilement
habitué à le voir développer presqu'exclusi-
vement, dans ces sujets de femmes — qu'il
affectionne entre tous — la grâce et l'élégance ; aujourd'hui, il revient avec *Sapho* à la
puissance et à la force dans la beauté : il a
pour lui la vérité historique. *Sapho* n'était
pas une petite maîtresse : il fallait une poitrine vaillante pour contenir ces passions ora-
geuses.

—On trouve assez difficilement *le point de
vue* de cette œuvre. On ne sait trop tout
d'abord où se placer pour la bien voir. Les
statues ont des aspects multiples, qu'on ne
peut embrasser d'un seul regard ; mais enfin

il faut toujours qu'il y ait une certaine façon
de les envisager, qui permette de juger l'ensemble. C'est ce qui n'a pas lieu avec la *Sapho*.
On ne peut jouir que des effets de détail.
Sapho est assise sur un siége assez bas, sa
belle et noble tête s'incline sur sa poitrine,
comme accablée du poids de ses ennuis ; ses
beaux bras, un peu longs, mais d'un galbe
si pur, et que dessine une ligne d'une pureté
charmante, descendent jusqu'aux genoux,
au-dessous desquels les mains se joignent,
avec des entrelacements de doigts d'une sou-
plesse molle, — on sent leur pression péné-
trante : le marbre s'est fait chair. Les jambes,
d'un beau modelé, s'attachent délicatement à
des pieds d'une forme irréprochable, sans au-
cune exagération de petitesse invraisembla-
ble : c'est beau et vrai—il n'y a que les pieds
vivants qui aient le droit d'être impossibles.
La *Sapho* a bien un peu d'embonpoint,—en
sa qualité de femme de trente ans, — et les

trois plis de Vénus. courant entre la chaîne
d'or et le collier de perles, se froncent dans
cette chair superbe. Il y a très-peu de *nu*,—
un bout d'épaule, et une naissance de sein,—
et c'est tout. Les draperies sont traitées avec
une simplicité presqu'antique, — la tunique
retombe sur les flancs avec des plis d'un arrangement tout magistral.

—Mais ce qui nous plaît surtout dans cette
Sapho, c'est l'abandon et la naïveté même de
la douleur, que tout accuse, que tout révèle.
—Elle ne pose pas,—elle ne s'afflige pas pour
vous et pour moi, mais pour elle-même : elle
oublie le reste du monde. Elle est noyée dans
cette douleur immense; les golfes de la mer
Ionienne ne l'engloutiront pas dans des abîmes
plus profonds. Cette statue ajouterait encore,
s'il se pouvait, à la réputation de Pradier.
Le visage est peut-être ce qu'il y a de moins
grec, mais jamais des yeux vivants n'ont été

remplis de plus de larmes, jamais un sein de femme ne s'est gonflé de plus de soupirs.

Quelques *classiques* ont regretté de ne pas voir aux pieds de *Sapho*, sa lyre étoilée... comme s'il ne valait pas mieux la faire reconnaître à son génie et à sa passion !

—Ici, tout près des premiers maîtres, plaçons Dantan, un maître aussi; il a la force, il a la grâce, il a le rire, il a les larmes : il donne de l'esprit au bronze, et fait, avec du marbre, des épigrammes qui vivront comme celles de Martial. Son atelier a plus de malices que les deux collections complètes du *Punch* et du *Charivari*. — Mais, quand il veut, Dantan, comme un autre—mieux qu'un autre,—dans des bustes où l'âme respire, nous rend, en les idéalisant, les traits de ceux que nous avons aimés ou admirés.—Ai-je besoin de signaler ce front intelligent et ce regard profond, *Spontini* ? .. Le buste de *Mar-jolin* et de *Musard*—le Napoléon de la danse, se recommandent aussi par les plus sérieux mérites.

Les folies des sculpteurs sont en général assez lourdes , c'est sans doute la faute du marbre : ils ne se trompent pas à demi. Dieu sait jusqu'où, l'erreur une fois admise, ils peuvent descendre par leur propre poids. Le bas-relief de M. Maindron servira de *preuve à l'appui*. Nous le citerons à la jeunesse studieuse comme exemple.... de ce qu'il faut éviter.

Le Conservatoire a eu la pieuse idée de consacrer la mémoire de son illustre chef, feu *François Habeneck*.—C'était bien.—L'embarras commença dès qu'il fallut s'entendre sur l'exécution. « Un buste ! c'est bien mesquin... une statue ! c'est bien commun...

Soyons logiques! dit un des conservateurs.
Habeneck a surtout compris la musique alle-
mande, représentons-le dans les Champs-
Elysées de la poésie grecque : il nous a présenté Beethoven; présentons-le à Orphée! »
et l'aréopage d'applaudir ; ce fut décidé. On
appelle alors le jeune M. Maindron et on lui
commande un bas-relief représentant « *la
réception d'Habeneck aux Champs-Elysées.*»
Ce qui fut dit fut fait—et voilà comment l'exposition compte une très-mauvaise chose....
de plus...

Le bas-relief, dont François Habeneck occupe le centre, est divisé en deux groupes ;
mais l'œil y cherche vainement les musiciens
de l'antiquité, Orphée, Musée, Amphion,
Linus, tous ces souvenirs mélodieux, qui
charment, depuis trois mille ans, les échos du
bocage sacré, et qui après tout eussent été là
chez eux : en revanche on aperçoit Gluck ,

Mozard, Haendel, Haydn, qui sans doute ont reçu des noms grecs pour l'agrément, de la conversation. Habeneck, que la muse Polymnie va maintenant faire appeler Αιβόνεχος, Habeneck a l'air un peu étonné, il répond qu'il ne sait pas le grec, et il roule des yeux inquiets, comme il fesait à l'Opéra quand un de ses subordonnés se permettait une note douteuse.

Le caractère général de cette composition est la lourdeur et la monotonie. Toutes ces figures sont ennuyées, comme il convient dans une cérémonie officielle, mais elles devraient dissimuler un peu : on ne devient un personnage qu'à ce prix. Habeneck, qui a la main ouverte, montre de larges doigts plats : c'est ainsi, m'a-t-on dit, qu'il les faut pour jouer du violon. Les costumes modernes de l'époque d'Habeneck ne prêtent guère au bas-relief, ces longs habits étroits qui cachent les

formes, sans les recouvrir de l'ampleur majestueuse des draperies, ces perruques à quatre marteaux, ce violon maigre, ont un je ne
sais quoi qui attriste et qui choque. Cette
sculpture est malsaine à voir ; il était si facile de les habiller un peu moins dans ces
Champs-Elysées, où la température est assez
douce! Je dois pourtant dire qu'il y a une
femme assise, dont la pose heureuse est un
bon ressouvenir de l'art grec : l'habitude du
corps et l'arrangement des plis nous ont rappelé certaines figures qu'on voit sur les vases
antiques. Je ne parle pas de la tête qui est
commune et grotesque.

M. Maindron a cru devoir ajouter un agrément à tout ceci, *un' appoggiatura*, comme
dirait un musicien. Quelques jeunes âmes,
attirées par la réputation du célèbre *maestro*,
et croyant qu'il va tout au moins jouer un
air varié pour sa bienvenue, voltigent au-des-

sus du cortége. —Le marbre voltige peu de sa nature, et je l'avais jusqu'ici cru fort peu propre à représenter les âmes éthérées : Pollet, avec une grâce exquise, a balancé dans l'espace, *une Heure de nuit*, sortant de ses voiles et répandant sur le monde des fleurs et des rêves, mais enfin, on avait tout le contour et toutes les formes de sa figure aérienne. Ici, où, par la nature même de la composition, on ne peut avoir qu'une surface des objets , les âmes bien heureuses sont tout simplement collées contre le mur et rappellent involontairement à l'esprit, l'image infortunée d'une chauve-souris, clouée par les quatre membres à la porte d'une ferme....

M. Maindron me crie que ce bas-relief était une *commande*. Je me tais! Il faut aller au Conservatoire pour *entendre*.

Je continuerai à me placer dans un corridor noir.

Nous ne voudrions pas mettre trop loin de M. Maindron, un statuaire de beaucoup d'imagination, M. Gruyère, qui a trouvé le moyen de mettre la croix d'honneur à un buste *nu*. Ceci ne vous rappelle-t-il pas cette noire souveraine de la côte d'Ébène, qui, les jours de cérémonie, ne portait pour tout vêtement qu'une paire de boucles d'oreilles?

On a consacré, et c'est bien fait, le grand escalier du Palais-Royal, à la sculpture décorative. On peut ainsi, dans une certaine mesure, juger l'effet et le succès des compositions. On a donc placé au sommet de la première volée, le modèle d'une Fontaine destinée au palais du Luxembourg, et représentant Acis et Galatée, jouant *aux jeux innocents*, et guettés *de loin* par Polyphême.

—Cette idée ne nous semble pas superlativement heureuse : elle n'est pas rachetée par le mérite de l'exécution, qui est assez froide. La scène se passe dans cette Trinacrie heureuse, où Apollon *aux cheveux d'or*, paîssait ses blancs troupeaux. Galatée et le bel Acis s'ébattent tendrement, à l'abri d'un rocher, avec des poses *antiques*, imitées de Madame Octave, en son temps, et de la jeune Mademoiselle Cicco, toujours éblouissante. Le berger et la bergère sont d'une fausse grandeur, maigres et allongés comme on l'est dans la première adolescence, et avec cela pas du tout vertueux : on a le droit de s'inquiéter pour les mœurs. Le Polyphême est traduit de Théocrite, avec infiniment de précautions et d'adoucissements ; il n'est pas trop laid, il ne l'est pas même assez : au lieu

de cet œil unique au milieu du front, que lui
attribue la poésie classique, il a bel et bien
deux yeux comme vous et moi, et deux yeux
qui diraient pas mal de choses à Galatée, si
elle voulait entendre... ou regarder. Ce Polyphême est infiniment trop rapproché des deux
jeunes gens, il est comme on dit vulgairement:
« *sur leur dos*, » c'était là une des difficultés du
sujet : la statuaire, qui n'a pas à son service,
comme la peinture, la perspective aérienne,
et les gradations de la lumière, manque es-
sentiellement de lointains... il fallait donner
au groupe une autre disposition : ce n'est pas
mon affaire, La pose de Polyphême, appuyé
sur ses mains et avançant le cou pour mieux
voir, nous semble d'une vulgarité désespé-
rante. Les ordonnateurs de l'exposition en
ont très-spirituellement fait la critique en
mettant à côté un groupe qui représente un
tout autre sujet, mais dont la disposition
est la même. C'est un Renard qui *surveille*

des lapins. Le Renard est dans la même attitude que Polyphême, et les lapins figurent assez bien Acis et Galatée. C'est de la critique de voisinage : M. Ottin n'a pas le droit de s'en fâcher, quant au Renard, il en paraît tout fier : ce qui lui fait oublier ses lapins.

Nous ne quitterons pas la sculpture monumentale sans parler de l'Aigle défendant sa proie, par M. Caïn. Cet Aigle est d'un grand style; c'est superbe de mouvement; les aîles à demi déployées ont des battements formidables, les serres puissantes attendent l'ennemi et se crispent sur la roche nue, la tête aplatie, indice certain de férocité, chez les oiseaux comme chez les hommes, se glisse et s'allonge avec des colères sournoises; le bec tranchant et recourbé menace. — Tout cela, peut-être, se fait avec un peu d'exagération ; mais c'est monumental , nous répond-on. Soit! n'en parlons donc plus. Un autre reproche : l'animal n'a pas de corps, il n'a que le bec, les serres et les aîles. Nous savons que les oiseaux de proie, qui ne dînent pas tous les jours, sont en général assez maigres: mais celui de M. Caïn abuse un peu de ce privilége; enfin si c'est plus monumental! Quoiqu'il en soit M. Caïn est jeune, il a le travail, il a l'espérance, il a l'avenir. Cet Aigle volera.

———

Depuis ces lignes écrites, un coup terrible a frappé les arts : Pradier est mort. — Nous sommes allé revoir son œuvre avec ce recueillement attendri qui vous prend toujours, au souvenir de ceux pour qui la Postérité commence. On a éteint sous un voile noir l'éclat marmoréen du pentélique, et l'on dirait quelque chaste figure de veuve, parée par des mains pieuses, selon les rites consacrés au moyen-âge. — Nous admirons, que par une sorte de pressentiment, cette dernière œuvre, oublieuse des traditions accoutumées du maître, au lieu de s'éprendre de grâce, d'élégance et de volupté, — respire la passion grave et l'angoisse profonde, — ce n'est plus la déesse souriante, la nymphe à la ceinture dénouée, la beauté des faciles amours, — c'est Sapho, la plus grande douleur des temps antiques. — En l'apercevant sous ses longs voiles, une couronne de *laurier* et d'*immortelle*, à ses pieds, nous avons songé à quelque muse taillée dans le marbre en deuil, pour verser sur le tombeau de Pradier ses larmes éternelles.

Nous ne ferons point ici de déploration funèbre.

Pradier est de ceux qui n'ont pas besoin d'éloge. Ses œuvres, répandues partout, suffiront à le louer, et nul ne le louera mieux qu'elles,—il est mort après de longs jours et d'immenses travaux accomplis, et cependant sa fin a semblé prématurée. La douleur de ses amis et les regrets de la France oubliaient ce qu'il avait fait, pour ne penser qu'à ce qu'il eût pu faire encore : c'est toujours une mort hâtée qui ferme les mains pleines.

Pradier ne fut pas, comme on l'a dit, le Phidias des temps modernes : il n'eut de Phidias ni la majesté sereine, ni le calme auguste. Ce fut plutôt un frère de Lysippe, de Praxitèle et de Cléomène, égaré parmi nous : l'artiste de la grâce exquise et de la suprême élégance.

Il serait curieux de raconter cette vie incessamment occupée : ses doigts avaient des ardeurs fiévreuses : tout ce qu'il touchait devenait statue : il improvisait avec le marbre ; c'est l'Ovide de la sculpture : le poète et le sculpteur ont plus d'un trait commun ; l'un et l'autre eurent le même sentiment et le même culte de la beauté féminine ; ni l'un ni l'autre ne placèrent leur idéal sur des hauteurs inaccessibles. Ils se contentèrent du possible et du réel, le voulurent et l'obtinrent :—c'était, entre ces deux facilités abondantes, à qui écrirait en plus de strophes le poëme un peu sensuel des beautés désirables, — nul ne les a mieux connues ni plus célébrées. —Le charme qu'ils y trouvaient les détourna tous deux de la recherche et de la préoccupation de cette beauté éternelle que l'on ne voit pas mais que l'on rêve.

Si on eût laissé faire ce païen énamouré de la forme, il eut repeuplé le ciel d'Homère... avec des déesses plus encore qu'avec des

dieux.—Ses déesses, il ne les a pas retrou-
vées dans le souvenir de l'Olympe étoilé—
mais dans la contemplation du monde con-
temporain — ce sont des femmes — et les
nôtres souvent, par le visage et l'expression;
elle n'ont gardé de cette autre civilisation
plus favorable à la beauté, que la noblesse
des attitudes—la pureté des formes, et la
sveltesse des membres, puissants dans leur
grâce, élégants dans leur force, — presque
toujours le visage est moderne. Pradier s'est
inspiré de l'antiquité : il ne l'a pas copiée ; il
a eu l'amour et le désir des choses antiques,
mais il les animait d'un souffle plus jeune : il
vous prenait tout d'abord par l'attrait du
sujet : nul ne choisit plus habilement, et avec
une recherche plus vive du goût de son époque : il eût été plus grand de la dominer,
il était plus habile, peut-être, de lui obéir.
Pradier, sur le penchant d'un monde en
décadence, ne lui présentait point les œuvres

que la forte jeunesse d'un peuple peut seule
comprendre.

Nous ne dresserons pas le catalogue de ces
œuvres sans nombre : il s'en trouve partout :
le monde en est plein. Les palais, les arcs de
triomphe, les fontaines, les places publiques,
les églises,—et surtout les boudoirs,—qu'il
a peuplés de statuettes et de demi-dieux: les
statuettes sont les sonnets de la sculpture.
C'est par la statuette qu'il est arrivé à la
popularité la plus grande qu'un artiste ait
jamais obtenue : la statuette se multiplie
d'elle-même, elle se met à la taille des petites bourses et des petites maisons; elle entre
partout, portant avec elle le nom aimé et le
nom glorieux.

Le don le plus précieux de ce génie. ce fut
le pouvoir créateur : il avait les mains pleines
de vie, beaucoup d'autres, enfants posthu-

mes du paganisme, ont fait les *statues* des dieux—lui seul fesait des *dieux*; le marbre respirait. On était toujours tenté de leur dire :

« Montrez-nous comme on marche avec grâce et fierté ! »

Il n'oublia jamais de donner à ses Galatées l'enivrant baiser qui fait vivre.

Pradier n'était pas seulement un sculpteur :—vive intelligence, douée d'aptitudes diverses, il s'appliquait et réussissait à tout : — c'est surtout pour lui que les Muses étaient sœurs. Ses autographes, qui valent maintenant ses statues, étaient d'un tour vif et charmant en leur grâce familière; il fesait des vers agréables et les chantait mieux encore. C'était en tout une vie harmonieuse : le prosaïsme de l'existence moderne lui pesait : il y échappait par toutes les tangentes ; par ses habitudes journalières, par cette musique dont il accompagnait ses entretiens intimes, et par la splendeur et l'originalité du vêtement ; il aimait à se draper comme ses statues. Le chapeau rond a fait long-temps son désespoir ,—il aurait donné deux *gla- diateurs*, un *Dieu*—et six *cariatides*, pour ra- mener les feutres et les panaches flottants.

— Pradier était Suisse et Protestant : — cette patrie et cette religion sont deux er- reurs, — nous avons dit trop souvent, pour le répéter ici, ce que nous pensons, au point de vue de l'art, du protestantisme, qui ne peut prier que dans des temples nus.—Quant à la Suisse, je ne sais pas un pays plus étranger aux arts plastiques : la nature elle- même,—cette grande artiste,—n'a jamais su mouler sans erreur le sein d'une Suissesse. — Quand on parcourt, dans les villes suisses, les places et les promenades affligées de ces statues impossibles , on demande quel mali- cieux démon a pu corrompre à ce point le goût d'une nation qui touche à la France et à l'Italie, — et c'est là qu'est né **Pradier**! La Suisse n'a pas de sculptures, elle a le sculpteur !

Si l'on choisissait la patrie des grands hommes, on ferait venir Pradier de la Grèce, « cette terre du marbre et des déesses. »—Si l'on choisissait leur religion, on en ferait un païen. — Comme tous ces génies radieux du monde antique, — qui n'avaient pas aperçu le problème de la destinée humaine, à travers les dogmes sévères du catholicisme,— il se plut toujours dans la contemplation sereine du beau physique, et il adora les splendeurs de la chair triomphante sans attendre qu'elle fut régénérée par la pénitence.

On a su les détails de ce trépas subit, et de cette mort respirée dans une rose : c'était au bord de nos bois de Bougival, qui abritent

chaque été de nombreuses colonies d'artistes:
il causait avec ses amis : — l'apoplexie le
foudroya dans leurs bras : il prononça le
mot de *printemps* : ce fut sa dernière parole, il expira dans la nuit. — Dieu seul a
connu les dernières pensées de cette âme,
maintenant jugée.

Cette mort fut le deuil public des arts :
peu d'hommes ont inspiré plus de regrets.
— D'éloquentes paroles ont été prononcées
sur sa tombe encore entr'ouverte. Tous les
amis étaient là: chacun avait un trait de
bonté ou de grâce qu'il aimait à redire :
nous-même, quelques jours auparavant,
quelques jours à peine, nous étions dans son
atelier, avec ce jeune et habile Gabriel Lefé-
bure, qu'il aimait beaucoup; sa parole était,
comme toujours, pleine d'enjouement et de
charme: il savait interroger: il savait écouter.—On ne croyait à ses soixante ans qu'en

l'entendant dire « mes enfants, » car vous êtes mes enfants, ajoutait-il, en riant de son franc et beau rire épanoui. Vous savez que je lis ce que vous écrivez, dit-il, en se tournant vers moi, — apportez-moi vous-même la *Chronique* où vous parlerez de Sapho, — et dépêchez-vous ! — Hélas ! — je ne me suis pas assez dépêché, et la mort est allée plus vite que moi !... Celui pour qui j'écrivais ne me lira pas ..

Caen.—Imp. E. Poisson.

BIBLIOTHÈQUE DE VOYAGE

LOUIS ENAULT

L'ÉCOSSE

LETTRES

SUR

L'ALLEMAGNE

GÉRARD DE NERVAL

LORELY

(SOUVENIRS D'ALLEMAGNE)

Pour paraître

LOUIS ENAULT

LES ILES HÉBRIDES

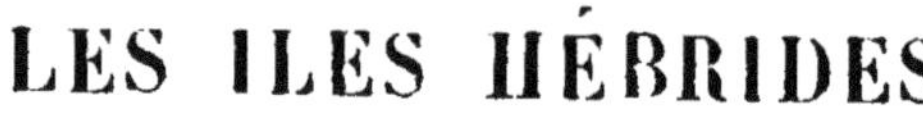